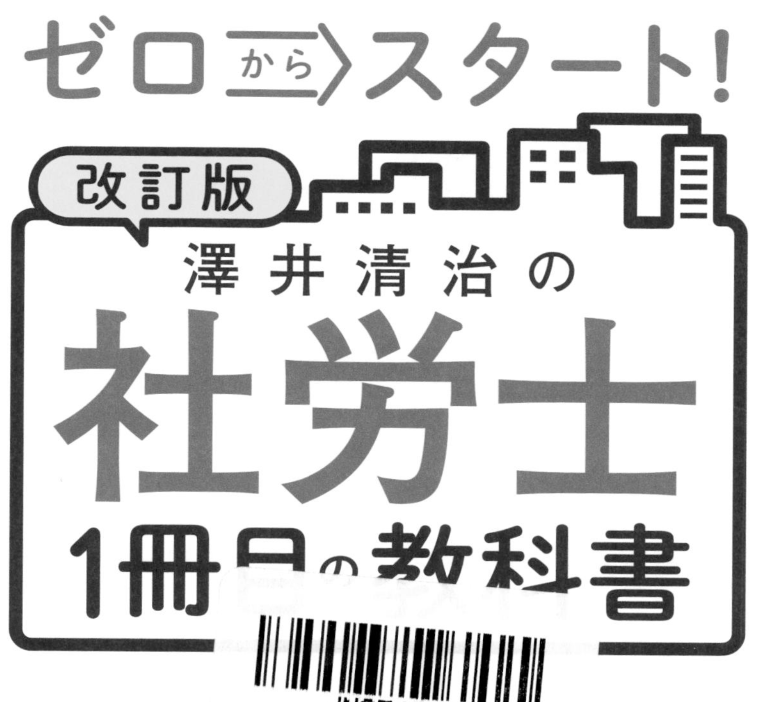

LEC専任講師 澤井

LEC東京リーガルマインド 監修

KADOKAWA

本書の特徴

LECで大人気の澤井講師が合格へナビゲート！

1冊目の教科書に最適！

学習のモチベーションを高めて、合格をサポートします！

特定社会保険労務士

澤井　清治（さわい・きよはる）

LEC東京リーガルマインド専任講師。LECでは、社会保険労務士「合格コース」「上級者コース」「短期集中コース」「通学・通信クラス収録」を担当。Twitterでも受験生を励まし続けている。

STEP 1　澤井講師のここがすごい！

① 講師歴20年超、合格者を多数輩出！ 毎年800肢の予想問題を提供

社労士講座の講師歴は20年超、毎年800肢の予想問題を直前期に提供しています。質問への親身な回答でライブ講義だけでなく、通信クラス生からの支持も絶大です！

② モチベーションを維持する学習法が盛りだくさん。最後まで楽しく学べる！

「1問1答過去問道場」や「引っ越し学習法」、開業社労士としてのリアルな実務の話題などが豊富で受講者のモチベーションを維持し、飽きさせない講義が大人気です。

受講者の声

- ゴロ合わせが楽しくて記憶に残ります
- 試験に出るところをズバリ教えてくれて、学習のメリハリがつきました
- 先生のおかげで、勉強が面白くなりました
- 質問しても丁寧に何度でも答えてくれます
- 実務の話が面白く、社労士にさらに興味を持てました

STEP 2 合格への確実な一歩が踏み出せる

社労士試験は選択式８科目、択一式７科目と、とにかく科目数が多いのが特徴です。そこで本書では、過去問分析に基づく必修項目だけでなく、最短合格のために覚えておくべき項目を示しました。そのためムダな学習を省くことができ、暗記も最小限に抑えられます。また、各章の始めで学習の内容を提示しており、問題意識を持って本文が読み進められるので、記憶定着が図れます。

STEP 3 最短ルートの学習法を示します

その１ 横断学習でポイントをまとめて整理

社労士試験の科目は制度上、似ている項目を多く含むため、整理して覚えることが合格への近道です。本書では、法令の趣旨を定めた目的条文などを主要科目で比較しながら覚えていく「横断学習」のアプローチを採用しています。

その２ ゴロ合わせで楽しく暗記

暗記項目が多いだけでなく、選択式でよく数字を問われるのが社労士試験の特徴です。そこで、「ゴロ合わせ」や「フレーズ化」が大活躍！　楽しく暗記できます。

その３ 10時間で読み切れる見開き構成

試験に必要な基礎知識を１冊に凝縮。１項目見開きで、左にポイントを押さえた解説、右に理解を助ける図が満載でどんどん読み進められます。また、ひと目でわかる、★～★★★で示した「重要度」も項目ごとに載っています。

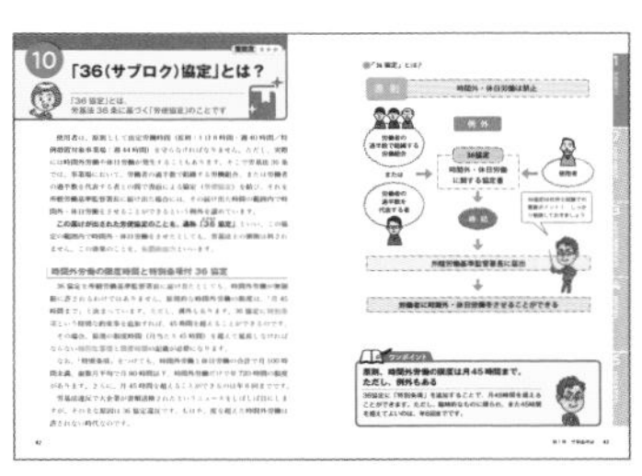

社労士試験合格を実現！

人気講師の合格メソッドを誌面で再現します！

Map

本書で学ぶこと

社労士試験では、これら10科目をバランスよく学習していくことが重要です。最初に、どんな法律などを学んでいくか、ざっと全体像をつかんでおきましょう！

労働法

第3章 労働者災害補償保険法

労基法の「災害補償」規定をカバー

重要度 A

第1章 労働基準法

労働関連法の基礎！働くルールの大原則

重要度 A

第2章 労働安全衛生法

元は労基法の一部だった「安全及び衛生」が独立して施行

重要度 C

社会保険法

第9章 厚生年金保険法

会社員や公務員が対象となる公的年金の「2階」部分

重要度 A

第10章 社会保険に関する一般常識

第7～9章以外の関係法令や最新データなど

重要度 B

科目ごとの重要度をA～Cであらわしています。重要度の高い科目はとくに集中して、勉強に臨みましょう！

第4章

雇用保険法

失業者の生活保障や、再就職サポートなど

重要度 A

第5章

労働保険徴収法

労働保険料の「手続きマニュアル」

重要度 B

第6章

労務管理その他の労働に関する一般常識

第1～5章以外の関係法令や最新データなど

重要度 B

第7章

健康保険法

業務外で起きたケガ・病気に適応した保険

重要度 A

第8章

国民年金法

全国民が対象となる公的年金の「1階」部分

重要度 A

はじめに

私は子どものころから勉強嫌いで、学生時代の成績はふるわず、社会人になっても学ぶことは嫌いでした。そんな私が社会保険労務士（以下、社労士）試験にチャレンジしたのは、将来に対する不安と、何より「やりがいのある仕事に就きたい」という思いがあったからです。

勉強を始めた当初は慣れない専門用語に戸惑うことが多く、大変さを感じていました。ところが、一通りインプットし終えて復習段階に入ると、徐々に理解が進み、気がつくと「勉強が面白い」と感じるようになっていたのです。これには私自身も驚きました。その後、社労士資格を取得して開業すると同時に、自分の経験を基に講師の仕事をスタートさせました。20年以上がたち、その間に多くの合格者を輩出してきましたが、その合格者の多くも「試験勉強がけっこう面白かった」という感想を述べてくれます。

社労士試験で勉強する主な内容は、労働基準法などの「仕事の現場での法律」、労災保険や雇用保険などの「労働者の保護法」、健康保険や年金などの働く人とその家族の「社会保障制度」です。それらは「人を助ける知識」でもあります。人の役に立って感謝される仕事に就きたいと思っている方にはうってつけの資格です。また、社労士資格には、独立開業以外に会社員として登録できる「勤務社会保険労務士」の形態があることも魅力です。

社労士資格は決して取れない資格ではありません。なぜなら、特別な才能や卓越した思考力が試される試験ではなく、オールラウンドに一定の知識を習得したかが試される試験だからです。

勉強嫌いだった私が社労士試験に合格できたのも、「過去問」や「問題演習」などのアウトプット学習を多く取り入れたことと、何より「間違えても気にしない」という前向きな気持ちで取り組んだからです。間違ってもかまわないのです。とにかくやってみること。やり続けること。まずは気軽にこの本からスタートしてみましょう。

LEC専任講師／特定社会保険労務士　**澤井 清治**

社会保険労務士になるには？

社会保険労務士試験と登録制度

社会保険労務士（以下、社労士）になるには、社労士試験に合格して、全国社会保険労務士会連合会に登録する必要があります。その登録には、次のいずれかの要件を満たすことが求められます。

①労働社会保険の事務について、通算２年以上の実務経験を有すること

②全国社会保険労務士会連合会が実施する「事務指定講習」を修了すること

つまり、**①の２年以上の実務経験か、実務経験がない人の場合は、②の講習を受けることによって、社労士として登録できる**わけです。

社労士登録の種類

社労士は士業として開業する以外にも、複数の登録方法があります（下図参照）。たとえば、令和時代に入り、過重労働の問題や働き方改革で社労士の必要性がさらに高まっています。そうした中、増えてきているのが、企業内で働く「勤務社会保険労務士」です。

というのも、社労士試験で問われる専門的な内容が、企業の労務問題に直結しており、近年、企業が社労士の資格を持った専門的な社員を囲い込む傾向が強くなってきているからです。東京都社会保険労務士会では、所属社労士の半分以上が「勤務等会員」での登録となっています。

皆さん**自身のライフスタイルや将来の展望に合わせて、さまざまな登録スタイルを選択できる**のも、社労士資格の魅力といえます。

◎ 社労士の登録の種類と業務内容

登録の種類	業務内容
開業社会保険労務士	士業として個人で事務所を持ち、業務を行う
社会保険労務士法人（社員）	社会保険労務士法人を設立して業務を行う
勤務社会保険労務士	一般企業に勤務しながら業務を行う
その他社会保険労務士	コンサルタントや執筆業、講師業、講演を中心に業務を行う

試験の概要

社労士試験は、選択式試験と択一式試験に分かれます。

試験は例年８月の第４日曜日に全国の大学などの会場で実施され、１日で終了します。当日は午前中に選択式試験、午後に択一式試験が行われ、別々に採点されます。合格するには、選択式試験と択一式試験の両方で基準点を満たすことが必要です。

〈午前：選択式試験〉……試験時間１時間 20 分

選択式試験は、問題文の空欄に候補群からもっとも適切な語句を選ぶ方式です。マークシート形式で、１問１点、合計で 40 問 40 点となります。

〈午後：択一式試験〉……試験時間３時間 30 分

択一式試験は、１問中に５つの選択肢があり、５肢択一方式、組み合わせ方式、個数当て方式の３つの方式があります。科目ごとの合計は 10 問 10 点で、７科目で 70 問 70 点となります。

選択式試験の出題科目と配点

科目		配点
(1)	労働基準法（3 問）／労働安全衛生法（2 問）	3 点／2 点
(2)	労働者災害補償保険法（5 問）	5 点
(3)	雇用保険法（5 問）	5 点
(4)	労務管理その他の労働に関する一般常識（5 問）	5 点
(5)	社会保険に関する一般常識（5 問）	5 点
(6)	健康保険法（5 問）	5 点
(7)	厚生年金保険法（5 問）	5 点
(8)	国民年金法（5 問）	5 点
合計（40 問）		40 点

択一式試験の出題科目と配点

科目		配点
(1)	労働基準法（7 問）／労働安全衛生法（3 問）	10 点
(2)	労働者災害補償保険法（7 問）／労働保険徴収法（3 問）	10 点
(3)	雇用保険法（7 問）／労働保険徴収法（3 問）	10 点
(4)	労務管理その他の労働に関する一般常識（5 問）／社会保険に関する一般常識（5 問）	10 点
(5)	健康保険法（10 問）	10 点
(6)	厚生年金保険法（10 問）	10 点
(7)	国民年金法（10 問）	10 点
合計（70 問）		70 点

合否の判定方法

午前の選択式、午後の択一式ともに、総得点の合格基準点と科目別の合格基準点以上の得点に達することが必要です。

科目別の合格基準点（**最低ライン**）は、選択式に関しては各科目５点中３点以上、択一式は各科目 10 点中４点以上とされています。

なお、この最低ラインは、難問で正答率が低い場合には下がることがあります。選択式では、３点以上の受験者の割合が５割に満たない場合には、原則として、最低ラインが３点から２点に下がります。難問で正答率がきわめて低い場合には１点に下がります。これを**救済**といいます。

択一式でこの救済が行われることは選択式に比べて少なく、原則として、各科目最低ラインの４点をクリアすることが求められます。ただし、４点以上の受験者の割合が５割に満たない科目については、最低ラインが３点に下がることもあります。

社労士試験の合格率は、年によってばらつきがありますが、平均的に見ると約６～８%程度となります。仮に受験者数が３万人だとすると、合格者数は約 1,800 ～ 2,400 人程度となります。

社労士試験の最低ラインは、年によって異なる相対的基準で決定されるため、事前に合格点が何点となるかはわかりません。ただし、過去の実績から、選択式試験の総得点で 40 点中 20 ～ 25 点程度、択一式試験の総得点で 70 点中 42 ～ 45 点程度となります。

総得点だけで考えれば、選択式も択一式も全体の約６割～６割５分の正答が必要となります。逆に考えれば、約３割５分～４割を間違えても合格できる可能性があるともいえます。

合格発表

合格発表は例年 10 月初旬に行われ、官報のほかに、全国社会保険労務士会連合会試験センターのホームページで閲覧できます。また、合格者にはすぐに合格証書と社労士登録の案内書類が送付されることになっています。自分の受験番号を見つけたときの喜びは、一生の思い出となるでしょう。

2 社労士試験に受かる勉強法

合格のコツは、勉強を習慣化すること！

社労士試験は社会人が頑張れば合格できる資格試験の代表格です。実際、受験者の約７～８割は会社員や公務員、自営業の人たちです。

そこで受験生は、仕事と勉強を何とか両立させながら実力を養っていくわけですが、それには勉強の継続が欠かせません。そのための最大のポイントは、**勉強を好きになること、少なくとも「嫌いにならないこと」**になります。

ここで、合格を目指して継続的に勉強するための５つのコツを紹介しましょう。

勉強を続けるための５つのコツ

❶ 完璧を目指さない

社労士試験は、メイン科目の択一式試験でも約６割～６割５分の正答で合格ラインに達します。なので、完璧な解答を目指す必要はありません。毎年、誰にも解けないような難問や奇問が数問出題されますが、そんな問題で得点する必要はないのです。

それより、やり残し科目や苦手科目をつくらないようにすることが重要です。なぜなら、科目別の合格基準点（最低ライン）をクリアすることが合格には必須だからです。その意味で、完璧を目指さないこと。全科目について、「７割理解できればOK」とします。

社労士試験の合格を手にできるのは、**「完璧主義者」ではなく「７割主義のオールラウンダー」**なのです。

❷「場所と時間」を決めて、勉強を習慣化する

仕事を持っている社会人にとって、勉強を継続することはけっこう大変なことかもしれません。初めは勢いで何とかなっても、だんだんと勉強することに疲れてしまうこともあるでしょう。

そんなときでも勉強を継続させていくには、**勉強を「習慣」にしてしまう**ことがいちばんです。それには、勉強する「場所と時間」を定着させるのがおすすめです。たとえば、「仕事帰りにいつものカフェに寄って、1時間、集中して勉強する」などです。習慣にしてしまえば、つらくなくなります。

❸「合格名刺」で将来をイメージする

合格後の自分の姿をイメージしてみてください。社労士として金バッジをつけてさっそうと顧問先に向かう自分。労働相談や年金相談で専門家として適切なアドバイスをする自分……。

そんな未来の自分をイメージすることで勉強のモチベーションは格段にアップします。「先生」と呼ばれるには、それなりの知識と専門性が必要です。「そのための知識を身につけているのだ」という意識を持って勉強するといいと思います。

また、社労士となった自分を強くイメージする方法として、**合格後に使用する「名刺」の見本をつくる**のもおすすめです。そして、それを事あるごとに眺めます。毎日見られるように定期入れに入れておくのもいいでしょう。そうすることで、目標を明確に意識することができます。

私はこれを「**合格名刺**」と呼んでいます。

❹ スキマ時間はモバイルを徹底活用する

自室で机に向かって落ち着いて勉強する時間は、そう取れるものではありません。それならば、**通勤や移動時間、ちょっとした待ち時間や会社の休み時間、就寝前といった「スキマ時間」を活用**していきましょう。これらのスキマ時間を合わせれば1日1時間以上は確保できるはずです。

たとえば、音声のみの教材であれば、軽いジョギングやウォーキングをしながらでも学習できます。ウェブ教材であれば、ノートパソコンやスマートフォンを使って、どこにいても映像つきで勉強できます。勉強スタイルも時代とともに進化しているのです。

もちろん、テキストや過去問をいつもバッグの中に入れておくことも心がけます。「ヒマさえあれば勉強する」という意識をつねに持ちましょう。

❺「合格するのは当たり前」と確信する

勉強をしているとつい弱気になり、やる気が低下してしまうことがあります。そうなると勉強にも身が入らなくなってしまいます。そう、自分の可能性を信じられなくなってしまうのです。

そこで必要なのが、**「私は合格できる」と確信する**ことです。人は可能性が高ければ高いほどやる気が出ますので、「合格するのは当たり前。後は時期の問題だけだ」と考えるようにします。実際、社労士試験は超難関の試験ではありません。勉強を続けていれば、合格にどんどん近づけます。

これまでたくさんの受験生を見てきましたが、短期合格者に共通するのは、「自分は合格できる」と信じていることです。

合格への近道は、効率的な学習！

社労士試験には、科目数が多いという特徴があります。だから、1つの科目にこだわっているとどんどん時間がなくなり、本試験までにすべての科目を効率的にまわしていくことができなくなってしまいます。

そこで、効率的に学習するための5つのテクニックを紹介します。

効率的に学習するための５つのテクニック

❶過去問とテキストの「サンドイッチ法」

過去問を繰り返し解いて、自分なりの正誤の判断基準や、重要論点を把握することが合格への近道です。

実際、テキストを読んで理解するだけでは、どのように出題されるかがわからず、問題への対応力を十分に養えません。合格に向けてより効率的に勉強するには、**過去問を解いてからテキストを読み直し、また過去問を解いてみる「サンドイッチ法」を実践**することです。

こうした「過去問➡テキスト➡過去問」という学習法で、本試験への対応力をつけることができます。

❷ ゴロ合わせとフレーズ化

社労士試験は覚えることが多いのも特徴です。とくに数字は選択式でよく問われる重要ポイントとなります。そこで活躍するのが「**ゴロ合わせ**」です。

たとえば、産休（産前産後休業）の期間は「出産の日以前42日、出産の日後56日」ですが、「ヨジ（42）・ゴロ（56）生まれる」と覚えておきます。また、国民年金は「寡婦年金と死亡一時金は、いずれか1つを選択受給する」とされていますが、これは「寡婦は一時におセンタク（選択）」と覚えておきます。

コツとしては、そのゴロやフレーズが「何のことなのか」を確実に思い出せるように、「関連づけ」を忘れずにすることです。先ほどの「産休」のゴロであれば「生まれる」という言葉ですし、「寡婦年金」と「死亡一時金」のゴロについては「選択」と「洗濯」をかけています。

❸ まとめと横断学習

社労士試験の科目を一通り勉強すると、制度上似ているものが多いので、覚えたことがどの科目の内容であったかなどを整理しておく必要があります。そんなときに必要なのが**「まとめ」と「横断学習」**です。

まとめとは、たとえば国民年金の保険料納付要件をまとめると「老齢基礎年金：納付と免除で10年／障害基礎年金：納付と免除で３分の２／遺族基礎年金：納付と免除で３分の２」となります。

また、横断学習とは、たとえば「目的条文」（その法令を制定した目的などが書かれた条文）なら、それだけを主要な科目で取り出して、比較しながら覚えていくというやり方です。社労士試験は１日ですべての科目についてアウトプットしなければならないので、このやり方が有効となります。

この横断学習が簡単にできる方法があります。それは、**テキストに「インデックス」を貼っておく**ことです。

労働基準法の**時効**、労働者災害補償保険法の**時効**、雇用保険法の**時効**、健康保険法の**時効**……と、科目ごとに「時効」のインデックスを貼っておけば、そのページをめくればすぐに横断学習をすることができます。

さらに、**実際に私がやっていたのは「横断学習ノート」の作成**です。横断すべき項目、たとえば「適用除外」であれば、そこだけを抜き出し、横断学習ノートに記載していきました（なお、右ページに横断学習が可能な項目の一覧表を掲載していますので、参考にしてください）。

❹ 答案練習と模試の受験

社労士試験は時間内に多くの問題を解かなければなりません。そのため、時間配分や問題の見切りが大切になります。

とくに午後の択一式試験は、7科目で全70問（選択肢350肢）の解答を3時間30分で終わらせて、かつマークシートの記入が自分の意図した場所になされているかを確認する必要があります。また、得点する必要のない難問で時間を浪費してしまい、焦ってその後の基本問題を落としてしまうことも起こり得ます。そうならないためには、**わからない問題に当たった場合に、どの時点で見切りをつけて次に進むかという判断がとても重要**です。

そうしたスキルを養う場として、受験予備校の実施している答案練習や模試をどんどん活用していきましょう。

❺ 最新の法改正と白書・統計情報の把握

社労士試験の特徴は、**最新の法改正の出題が多い**という点です。

とくに、雇用保険法、年金科目、一般常識科目に関しては、毎年のように多くの改正が入ります。また、一般常識科目においては、最新の統計からの出題や『厚生労働白書』や『労働経済白書』からの出題もあります。

最新の法改正は官報に掲載されますが、それを一つひとつ自分でチェックしておくのは現実的ではありません。書店にある受験雑誌、たとえば**日本法令の月刊誌『社労士V』**などで情報を得たり、受験予備校の主催する法改正講座や白書対策講座を利用したりするのがいいでしょう。

最新の法改正を把握しておくことは、科目別の合格基準点割れ防止にもつながります。その意味では「社労士試験は情報戦でもある」と心得ましょう。

さあ、それではさっそく社労士試験の勉強をスタートしましょう。

「横断学習」の一覧表

表の見かた

社労士試験で学習する項目は、各科目で共通するものが多くあります。「似ているもの」や「異なるもの」があるので、それらを比較して学習すると知識を整理しながら覚えることができます。たとえば、「不服申立」は、労働保険徴収法では独自の制度ですが、それ以外は、「労災保険と雇用保険」と「健康保険、厚生年金保険、国民年金」の２つのグループに制度を分けることができます。

科目	労働基準法	労働者災害補償保険法	雇用保険法	労働保険徴収法	健康保険法	厚生年金保険法	国民年金法
比較しながら覚える項目	目的条文	目的条文	目的条文	目的条文	目的条文	目的条文	目的条文
	適用除外	適用除外	適用除外		適用と適用除外		
				任意適用	任意適用		
	使用者・労働者		被保険者		被保険者	被保険者	被保険者
	賃金・報酬の定義、 賃金（労働分野）・報酬（社会保険分野）に 含まれるもの・含まれないもの						
	平均賃金	給付基礎日額	賃金日額	賃金総額	標準報酬制度 報酬・賞与		
		特別加入		特別加入	任意継続	任意単独	任意加入
		保険給付 ・ 年金給付			保険給付	年金給付	年金給付
		未支給	未支給			未支給	未支給
		給付制限			給付制限	給付制限	給付制限
				保険料	保険料	保険料	保険料
				督促延滞	督促延滞		督促延滞
		不服申立		不服申立	不服申立		
	時効 保存期間	時効 保存期間	時効 保存期間	時効 保存期間	時効 保存期間	時効 保存期間	時効

改訂版 ゼロからスタート！ 澤井清治の社労士1冊目の教科書

第2章

労働安全衛生法

第3章

労働者災害補償保険法

第4章

雇用保険法

第5章

労働保険の保険料の徴収等に関する法律（労働保険徴収法）

第6章 労務管理その他の労働に関する一般常識

第7章
健康保険法

第8章
国民年金法

第9章

厚生年金保険法

第10章
社会保険に関する一般常識

本文デザイン　Isshiki
本文イラスト　寺崎愛
本文 DTP　株式会社フォレスト

本書は原則として、2023年7月時点での情報を基に原稿執筆・編集を行っています。社労士試験に関する最新の情報は、試験実施機関のウェブサイトなどでご確認ください（とくに、法改正等による変更において留意が必要な項目には「＊」を添えています）。

第1章

労働基準法

勉強のコツ！

条文をしっかりと理解しながら進めましょう。
通達や最高裁判所の判例まで
幅広く興味を持って学習しましょう。

重要度 ★★☆

労働基準法が生まれるまで

その誕生の背景には、戦前の「工場法」と戦後の「新憲法」があります

労働基準法（以下、労基法）は昭和22年4月7日に公布され、同年9月1日に施行されました。

なぜ労基法ができたかというと、その前提には日本国憲法の存在があります。憲法27条2項は、「賃金、就業時間、休息その他の勤労条件に関する基準は、法律でこれを定める」と規定しています。これを受けて労基法が制定されたのです。つまり、労基法の「父」は日本国憲法だったのです。

では、「母」は誰でしょうか。それは、昭和22年5月に日本国憲法が施行される前の時代に、労働者保護の役割を果たしてきた工場法（大正5年施行）です。労基法は戦後にいきなりできたのではなく、**母である戦前の工場法を基に、父である日本国憲法の規定を受けて制定**されたのです。

労基法が定める「労働条件」とは？

労基法には労働条件という言葉が多く使われています。この労働条件は、労基法1条1項において「労働者が人たるに値する生活を営むための必要を充たすべきものでなければならない」と規定されています。

ここでいう「人たるに値する生活」とは、家族みんなが健康でごはんも食べられて人並みの教育も受けられるような「健康で文化的な最低限度の生活」のことを意味します。

労基法は、日本国内で労働者を使用するすべての事業に適用されます。

労基法での使用者とは、社長以外にも、法人そのものや労務管理を行う人事部長なども指します。**平社員であっても、店長のように業務上の指揮命令権が与えられていれば使用者**となります。そのため、この立場の平社員が労働者に違法残業をさせれば、労基法違反の罪が成立します。

また、**労働者には、正社員だけではなくパートやアルバイトも含まれます**。

労働基準法ができるまで

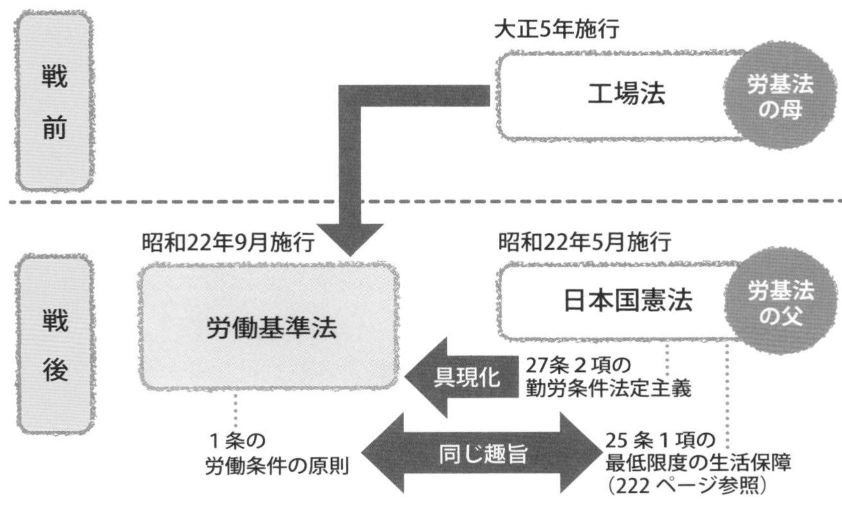

覚えておきたい「労基法」の基本用語

用　語	解　説
通　達	上位の行政機関が下位の行政機関に対し、法解釈や具体的な取扱いを示すもの［例］都道府県労働局 ⇒ 通達 ⇒ 労働基準監督署
使用者	法人そのもの、社長や労務担当役員、労働者の労務管理を行う人事部長など、実質的に権限を有する者（実態で判断）
労働者	事業に使用される者で、賃金を支払われる者（失業者は「労基法」の労働者とならない）
就業規則	会社が定めた職場の規則
労働協約	使用者と労働組合が、労働条件などについて締結した文書
労働契約	使用者と個々の労働者との間の契約

まずは、基本的な用語をマスターして、
労基法の世界に入っていきましょう！

重要度 ★★★

採用時の差別は労基法違反ではない？

国籍、信条、社会的身分での差別禁止の適用範囲に、「採用時」は含まれません

労基法３条（均等待遇）では「使用者は、労働者の国籍、信条又は社会的身分を理由として、賃金、労働時間その他の労働条件について、差別的取扱をしてはならない」と規定しています。

ここでいう信条とは、「特定の宗教的または政治的信念」のことであり、社会的身分とは「出身地や家柄などの生来の身分」のことです。

なお、差別が禁止されている「賃金、労働時間その他の労働条件」に「雇入れ（採用）」は含まれません。たとえば、キリスト教徒の社長が仏教徒の社員を、宗教を理由に賃金で差別すれば労基法違反ですが、採用の際にそれを理由に不採用にしても労基法違反とはなりません。

また、**労基法３条では、差別の禁止に「性別」が入っていません**。理由は、産休や生理休暇など、労基法には女性を有利に扱う規定があるからです。

そこで労基法４条で、とくに重要な賃金については「使用者は、労働者が女性であることを理由として、賃金について、男性と差別的取扱いをしてはならない」と、誤解のないようにクギを刺しています。

強制労働やピンハネには、懲役や罰金が科せられる

労基法５条（強制労働の禁止）において「使用者は、暴行、脅迫、監禁その他精神又は身体の自由を不当に拘束する手段によって、労働者の意思に反して労働を強制してはならない」としています。

この違反については、**「１年以上 10 年以下の懲役又は 20 万円以上 300 万円以下の罰金」と、労基法でもっとも重い罰則**が設けられています。

また、労基法６条（中間搾取の排除）において、「何人も、法律に基いて許される場合の外、業として他人の就業に介入して利益を得てはならない」とし、いわゆる「ピンハネ」を規制しています。

労基法3条の「平等原則」とは？

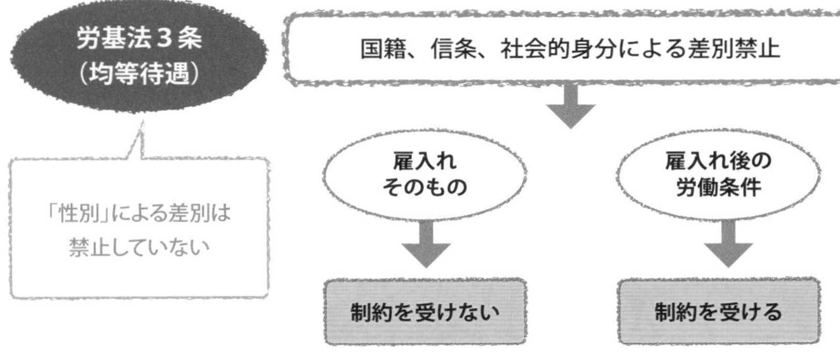

「三菱樹脂事件」とは？

三菱樹脂事件・最高裁判所大法廷判決（昭和48年12月12日）の要旨

企業は契約締結の自由を有し、自己の営業のために、いかなる者を雇入れるか、いかなる条件でこれを雇うかについて、法律等特別の制限がない限り、原則として自由にこれを決定することができる。労基法3条の差別の禁止は、雇入れ後における労働条件についての制限であり、雇入れそのものを制約する規定ではない

解 説

「三菱樹脂事件」とは、学生運動をしていた人が、その事実を隠して就職したところ、試用期間を終了して本採用となる際に、会社がその事実を知り、採用を拒否したという事件です。

最高裁の判決では、労基法３条は、雇入れ後の労働条件についての制約であり、雇入れそのものを制約するものではないとしました。

三菱樹脂事件は、その後 13 年間にわたって争われましたが、結局、和解し、原告は最終的に子会社の社長にまでなりました。

三菱樹脂事件は、
労基法の学習の中でも
もっとも重要な判例の1つです！

重要度 ★★★

労働契約の期間はどれくらいか？

期間の定めのないものを除き、原則３年、高度専門職などは５年が上限です

労働契約とは、使用者と個々の労働者との間の契約のことです。

労働契約の期間は、**正社員等の期間の定めのない労働者を別として、原則３年まで**です。

例外として、**①高度専門職（公認会計士、医師、弁護士、税理士、社労士など）や、②満 60 歳以上の労働者については、５年まで**としています。

正社員であれば、民法上、いつでも自己都合退職が可能ですが、契約社員の場合は、原則として契約期間を守らなければなりません。そこで、労働者の身分的拘束を嫌う労基法は、労働者保護の観点から、契約期間にこうした上限を設けているのです。

借金や貯金などによって、労働者を拘束するのは禁止

労基法 16 条では「使用者は、労働契約の不履行について違約金を定め、又は損害賠償額を予定する契約をしてはならない」とし、労働契約の解約についての**違約金支払契約を禁止**しています。簡単にいえば、「辞めるなら、金を払え」は許されない、ということです。

また、労基法 17 条では「使用者は、前借金その他労働することを条件とする前貸の債権と賃金を相殺してはならない」とし、金銭貸借関係に基づく**身分的拘束を禁止**しています。

その他、労基法 18 条 1 項では「使用者は、労働契約に附随して貯蓄の契約をさせ、又は貯蓄金を管理する契約をしてはならない」とし、使用者が労働者の貯金などを管理することによる**「足止め」を禁止**しています。

つまり、労基法では、使用者が借金や貯金などで労働者を縛りつける制度を初めから排除しているわけです。昔のような「年季奉公」は、今の時代には違法ということですね。

労働契約の期間

正社員等	期間の定めなし
一般職（有期社員）	3年まで
高度専門職、満60歳以上	5年まで

不当な身分的拘束の禁止規定

労基法16条	賠償予定の禁止	退職の場合の違約金の禁止
労基法17条	前借金相殺の禁止	借入金と労働契約の切り離し
労基法18条	強制貯金の禁止	貯金を管理することによる足止めの禁止

ワンポイント

定年は労働契約の終期を定めたもの

就業規則などで定められている定年は、労働契約の終期を定めたものなので、期間の定めのない労働契約は、労基法違反である「長期契約」には当たりません。

重要度 ★★★

労基法が定める解雇のルールとは？

「解雇制限期間」の設定や、「解雇予告のルール」などがあります

労働契約の終了の理由には、労使の合意による**合意退職**、労働者からの一方的な意思表示である**任意退職**、使用者からの一方的な意思表示である**解雇**、時間の経過による**定年退職**や**労働契約の期間の満了**などがあります。解雇そのものは、**労働契約法**（122 ページ参照）に定められていますが、労基法でも、労働者保護の立場から解雇について一定のルールを設けています。

労基法 19 条で、**①労働者が仕事によるケガや病気で療養するための休業期間と、その後出勤してからの 30 日間、②産前産後の女性の休業期間（162 ページ参照）と、その後出勤してからの 30 日間は、原則として解雇をしてはならない期間**とされています。

ただし、仕事によるケガや病気が 3 年経過しても治らない場合で使用者が打切（うちきり）補償（平均賃金の 1,200 日分以上）を支払ったときや、天災などで事業の継続が不可能となった場合で労働基準監督署長の認定を受けたときは、上記の期間においても解雇を実施することができます。

解雇予告期間は、お金に換えられる

労基法 20 条において、「使用者は、労働者を解雇しようとする場合においては、少くとも 30 日前にその予告をしなければならない。30 日前に予告をしない使用者は、30 日分以上の平均賃金を支払わなければならない」としています。

ただし、天災などやむを得ない理由で事業の継続が不可能となった場合と、明らかに労働者側に原因（労働者の責（せめ）に帰する事由）がある場合は、労働基準監督署長の認定を受けて即時解雇することができます。また、**「30 日前」という予告日数は、1 日について平均賃金の 1 日分を支払うことで短縮**できます。つまり、使用者は予告期間を、お金に換えることも可能なのです。

使用者が解雇できない期間とその例外

解雇できない期間	例外	
①労働者の業務上の負傷・疾病による療養のための休業期間、およびその後30日間	療養開始後、3年を経過しても治らない場合で、平均賃金の1,200日分以上を「打切補償」として支払う場合	解雇できる
①および②産前産後の女性の休業期間、およびその後30日間	天災、事変、その他やむを得ない理由で、事業の継続が不可能となった場合で、労働基準監督署長の認定を受けた場合	解雇できる

解雇予告のルール

原則

少なくとも30日前に予告をしなければならない

30日前に予告をしない場合は、30日分以上の平均賃金を支払わなければならない

上記の場合であっても、以下の例外①②の場合は解雇できる

例外① 天災、事変、その他やむを得ない理由で、事業の継続が不可能となった場合で、労働基準監督署長の認定を受けた場合

例外② 労働者の責に帰すべき理由による解雇の場合で、労働基準監督署長の認定を受けた場合

ワンポイント

労基法は、「解雇」そのものを規定しているわけではない！

労基法では、解雇そのものではなく、解雇の手続きを規定しています。解雇そのものについては、「労働契約法」（122ページ参照）に定められています。

重要度 ★★★

05 賃金の支払いに関する「5つの原則」

「通貨で、直接、全額を、毎月1回以上、一定期日で払う」が原則です

賃金の支払いについては、労基法24条において「5つの原則」を定めています。それは、①通貨払いの原則、②直接払いの原則、③全額払いの原則、④毎月1回以上払いの原則、⑤一定期日払いの原則です。

「5つの原則」はどのような内容か？

①の通貨払いの原則とは、自社製品などでの現物支給（現物給与）を原則禁止するものです。ただし、労働協約（使用者と労働組合が、労働条件などについて締結し、書面にしたもの）がある場合は、現物給与も可能です。

②の直接払いの原則では、使用者が本人以外の者に対して賃金を支払うことを禁止しています。第三者はもちろん、親権者や、法律に基づいて任命される法定代理人、労働者の委任を受けた任意代理人に支払うことは、いずれも労基法違反となります。たとえば、社長が未成年の労働者の賃金をその親に払った場合、これは労基法違反です。

③の全額払いの原則は、賃金の全額を支払う、ということです。つまり、使用者が一方的に賃金から何らかの金額を差し引く賃金控除を規制するものです。ただし、所得税や社会保険料は例外とされています。また、労使協定（使用者と労働者の過半数を代表する者との間の書面での取決め）がある場合は、購買代金や食費などの金額を賃金から差し引くことができます。

賃金は、④の毎月1回以上払いの原則により、月ごとに最低1回は支給しなければなりません。これは賃金の額を年単位で決める年俸制の労働者であっても同様です。また、⑤の一定期日払いの原則により、たとえば、毎月25日など期日を決めて、定期的に支給しなければなりません。ただし、④と⑤のいずれの原則でも、例外として、臨時の賃金や賞与、1カ月を超える期間ごとに支給される手当などは対象となりません。

賃金支払いの「5つの原則」とは？

原　則	内　容
通貨払いの原則	労働協約のない現物給与は禁止
直接払いの原則	第三者、親権者、法定代理人、労働者の任意代理人への支払いは禁止
全額払いの原則	法令以外で、労使協定のない賃金控除は禁止
毎月1回以上払いの原則	月ごとに最低1回は支給すること
一定期日払いの原則	期日を決めて定期的に支給すること

「5つの原則」の覚え方は、「通貨で、直接、全額を、毎月1回以上、一定期日で払う」です！

「5つの原則」の例外

5つの原則	例　外
①通貨払いの原則	労働協約がある場合の現物給与、振込みはＯＫ
②直接払いの原則	本人の代わりとなる使者への支払い、振込みはＯＫ
③全額払いの原則	税金や社会保険料の控除、労使協定による控除はＯＫ
④毎月1回以上払いの原則 ⑤一定期日払いの原則	臨時の賃金、賞与、1カ月を超える期間ごとに支給される手当はＯＫ

覚え方は、「臨賃、賞与、1超賃（リンチン、ショウヨ、イッチョウチン）」

ワンポイント

使用者は、「5つの原則」を守って、賃金を支給しなければならない！

社労士試験の対策として、「賃金支払いの5つの原則」とその「例外」は、重要ポイントです。

重要度 ★★★

経営難で休業した場合も賃金は支払われる？

使用者は、平均賃金の60%以上の「休業手当」を支払う必要があります

使用者の故意や過失が原因で仕事を提供することができず、労働者が賃金を得られなかった場合、労働者は民法536条2項（債務者の危険負担等）により、**支払われなかった賃金の全額**を請求することができます（**賃金請求権**）。使用者の故意とは、たとえば**不当解雇**などです。

しかし、労働者が賃金の請求をしたからといって、使用者が素直に払ってくれるとは限りません。また、使用者の故意や過失に該当しない場合、たとえば、資材の獲得ができないなどの**経営上の理由**によって工場を休業せざるを得ないなどの場合は、民法上の賃金請求権は発生しません。

民法よりも広範囲に、強制力を持って労働者を保護

一方、労基法26条では「使用者の責に帰すべき事由による休業の場合においては、使用者は、休業期間中当該労働者に、その平均賃金の100分の60以上の手当を支払わなければならない」と規定しています（**休業手当**）。「使用者の責に帰すべき事由」には、経営難による休業も含まれます。

このように、民法の規定だけでは労働者の保護が十分でないことから、強制力のある労基法で、平均賃金の60%以上を使用者に払わせるのです。

労基法は、刑罰をもって法を守らせる「取締法規」です。そのため、使用者が休業手当を支払わない場合には、労働者は労働基準監督署に訴え出ることができます。

労基法27条において「使用者は、労働時間に応じ一定額の賃金の保障をしなければならない」と規定しています。歩合制の営業職が1日労働した場合で契約が取れず売上げがゼロだったとしても、使用者は働いた時間に応じた賃金を保障しなければなりません。時間当たりの最低賃金は、最低賃金法（130ページ参照）で都道府県ごとに定められています。

民法と労基法の賃金に関する「労働者保護」の範囲

労基法26条
（休業手当）

使用者の故意、または過失だけでなく、経営上の理由による休業の場合も含む

範囲が広い

民法536条2項
（債務者の危険負担等）

使用者の故意、または過失が前提

範囲が狭い

休業手当の支給が必要なケース・必要ないケース

休業手当を支給する必要があるケース	休業手当を支給する必要がないケース
・工場の経営難から、下請工場が資材、資金の獲得ができず休業した場合 ・事業場の一部労働者がストライキを行った場合に、残りの労働者を就業させることが可能であるにもかかわらず、使用者がこれを拒否して休業させた場合	・使用者の正当な争議行為としての作業所閉鎖による休業の場合 ・労働安全衛生法 66 条による健康診断（62 ページ参照）の結果に基づいて、使用者が休業、ないし労働時間の短縮を行った場合

労働分野では、一般法の「民法」に対して「労基法」が特別法となり、優先的に適用されます

重要度 ★★★

労働時間となるもの・ならないもの

実際に働いていなくても、自由にどこかへ行けない時間が「労働時間」です

労基法の労働時間とは、**労働者が使用者の指揮命令下に置かれている時間**のことをいいます。具体的には、「就業時間（拘束時間）から、休憩時間を除いた時間」を指します。

休憩時間とは、労働者が持ち場から自由に離れてもかまわない時間をいいます。そのため、たとえば、やることはないものの、上司の指示を待っている時間は労働時間となります。つまり、**実際に働いていなくても、自由にどこかに行けない時間は労働時間**となるのです。

また、業務に必要な準備や、業務終了後にその片づけなどを事業場内で行った場合も、その時間は労働時間となります。その他、参加することが業務上義務づけられている研修・教育訓練の受講や、労働安全衛生法で規定されている安全衛生教育の時間も労働時間となります（59ページ参照）。

法定労働時間とは？

労基法32条は「①使用者は、労働者に、休憩時間を除き1週間について40時間を超えて、労働させてはならない」「②1週間の各日については、労働者に、休憩時間を除き1日について8時間を超えて、労働させてはならない」と規定しています。この制限時間のことを法定労働時間といいます。

ただし、常時10人未満の労働者を使用する商業や接客娯楽業などについては、1週間の法定労働時間を44時間とする特例が設けられています。この事業場を特例措置対象事業場といいます。

また、使用者は法定労働時間を守らなければなりませんが、現実問題として、時間外労働（残業）を行わないと仕事が成り立たない事業もあります。そこで一定の場合には、法定労働時間を超える時間外労働を行うことができる規定も設けられています（42ページ参照）。

労働時間となる時間・ならない時間

労働時間となる時間	労働時間とならない時間
・昼休みの来客当番の時間 ・荷物待ちの手待ち時間 ・準備時間や後始末の時間 ・夜警の仮眠時間 ・義務となっている教育訓練の時間 ・安全衛生教育の時間 …など	・定期健康診断の時間（62ページ参照） ・労働から解放された自由時間 ・自由参加の教育訓練の時間 ・通勤時間 ・労働組合活動の時間 ・団体交渉の時間 …など

労働時間とは、使用者の指揮命令下に置かれている時間を指します

法定労働時間はどれくらい？

法定労働時間 使用者が守るべき労働の制限時間

	1週間当たり	1日当たり
一般の事業場	40時間	8時間
特例措置対象事業場	44時間	8時間

「特例措置対象事業場」とは、常時10人未満の商業、映画演劇業（映画の製作を除く）、保健衛生業、接客娯楽業をいう

ワンポイント

仕事に関連して拘束されていれば、それは「労働時間」

「労働時間となるか、ならないか」は、社労士試験でよく出題されるテーマなので、しっかりインプットしましょう！

重要度 ★★★

08 変形労働時間制とは?

フレックスタイムや1週間、1カ月、1年などの単位で労働時間を変形させる制度です

変形労働時間制とは、事前の計画によって繁忙期は労働時間数を増やし、閑散期には時間数を減らすなど、労働時間を弾力的に運用する制度です。

変形労働時間制には、1カ月単位の変形労働時間制、フレックスタイム制、1年単位の変形労働時間制、1週間単位の非定型的変形労働時間制の4種類があります。

1カ月単位の変形労働時間制は、シフト勤務の製造業などで広く取り入れられています。たとえば、1日の労働時間が10時間で週4日勤務とし、休日を週3日とすると、週の労働時間は40時間となり、法定労働時間の範囲内となります。

本来、10時間労働とした日については、8時間を超えたところから時間外労働となり割増賃金の対象となりますが、**変形労働時間制(この場合は、1カ月単位)を採用していれば割増賃金の対象にはなりません**。

「働き方改革」の優等生、フレックスタイム制

フレックスタイム制は、始業時刻と終業時刻を労働者が自分で決めてよい制度です。そのうち、フレキシブルタイムとは自由な設定が認められている時間帯であり、コアタイムとは必ず仕事に就いていなければならない時間帯となります。

たとえば、1日8時間労働、休憩1時間の職場において、フレキシブルタイムが7～10時および15～19時、コアタイムが10～15時となっている場合、朝型の社員は7時に出社して16時に退社、朝が苦手な社員は10時に出社して19時に退社とすることが可能です(右ページ参照)。

働き方改革が推し進められている現在、労働時間に自由度があるフレックスタイム制は、企業にとって利用価値の高い優等生の制度です。

変形労働時間制の種類

変形労働時間制の種類	採用している主な業種
１カ月単位の変形労働時間制	シフト勤務の製造業などの業種
フレックスタイム制	エンジニア系やデザイン系など、個人で行う業務が多い業種
１年単位の変形労働時間制	季節的に繁忙期と閑散期がある業種
１週間単位の非定型的変形労働時間制	日ごとに繁閑の差がある、レストランや旅館などの業種

１カ月単位の変形労働時間制の例

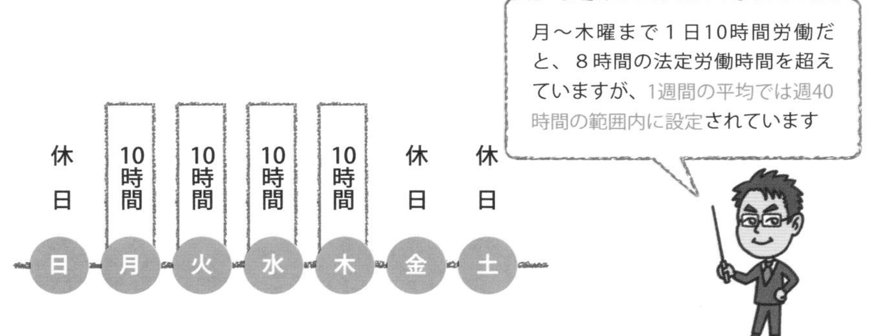

フレックスタイム制の例（８時間労働・途中１時間休憩の職場の場合）

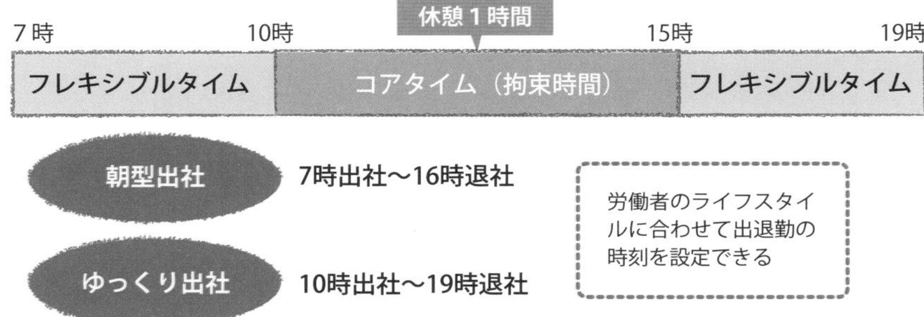

重要度 ★★★

09 休憩時間は労働時間に応じて決まる

労働時間が6時間超なら、休憩時間は最低45分、8時間超なら最低1時間は必要です

労基法において休憩とは、**手待ち時間を含まず、労働者が権利として労働から離れることが保障されている時間**をいいます。つまり、労働者が権利として自由に利用できる時間が、休憩時間となります。ちなみに、手待ち時間とは、使用者からの仕事の指示を待っている時間のことです。

労基法に規定されている休憩の3原則とは、①途中休憩の原則、②一斉付与の原則、③自由利用の原則です（労基法34条）。

①の途中休憩の原則には例外がありません。そもそも休憩とは労働時間の途中で入れるものだからです。②の一斉付与の原則の場合、公衆の不便を避けるため、商業、金融業、接客娯楽業、保健衛生業などの業種については適用されません。③の自由利用の原則は、仕事柄、警察官や消防官については適用されません。

「週1の休日の原則」が当てはまらないケース

労基法では休日（法定休日）について、労基法35条において「①使用者は、労働者に対して、毎週少くとも1回の休日を与えなければならない」「②前項の規定は、4週間を通じ4日以上の休日を与える使用者については適用しない」としています。

つまり、使用者は、**原則、労働者に最低でも週1日の休日**を与えなければならないのですが、**例外として、変形休日制を導入した場合には、4週間を通じ4日以上の休日**を与えるとしても差し支えない、ということです。

労基法において休日労働となるのは、1週間で1日も休日を与えなかった場合の1日です。たとえば、週休2日制の会社で、日曜日に出勤しても、同じ週の土曜日に休めたのであれば、日曜日は労基法においては休日労働とはなりません。

労働時間と休憩時間の関係

労働時間	休憩時間
6時間以下	休憩時間の付与義務なし
6時間超～8時間以下	休憩時間は、少なくとも45分
8時間超	休憩時間は、少なくとも1時間

「変形休日制」の例

原則の法定休日 ……1週間に少なくとも1日の休日を与えなければならない

1週	2週	3週	4週
休	休	休	休

変形休日制の例① ……変形休日制では、4週間で4日以上の休日を与えれば違法とならない

1週	2週	3週	4週
休 休		休	休

変形休日制の例② ……変形休日制では、4週間を通じて4日以上の休日を与えればよいので、最初の4日間を休日とし、その後の期間をすべて労働日としてもかまわない

1週	2週	3週	4週
休 休 休 休			

ワンポイント

休憩時間の付与義務が発生するのは6時間を超える労働時間から

社労士試験では、「労働時間と休憩時間の関係」と「法定休日の定義」をしっかり理解しておくことが重要です。

重要度 ★★★

10 「36(サブロク)協定」とは？

「36 協定」とは、
労基法 36 条に基づく「労使協定」のことです

使用者は、原則として法定労働時間（原則：1 日 8 時間・週 40 時間／特例措置対象事業場：週 44 時間）を守らなければなりません。ただし、実際には時間外労働や休日労働が発生することもあります。そこで労基法 36 条では、事業場において、労働者の過半数で組織する労働組合、または労働者の過半数を代表する者との間で書面による協定（労使協定）を結び、それを所轄労働基準監督署長に届け出た場合には、その届け出た時間の範囲内で時間外・休日労働をさせることができるという例外を認めています。

この届けが出された労使協定のことを、通称「36(サブロク) 協定」といい、この協定の範囲内で時間外・休日労働をさせたとしても、労基法上の罰則は科されません。この効果のことを、免罰的効力といいます。

時間外労働の限度時間と特別条項付 36 協定

36 協定を所轄労働基準監督署長に届け出たとしても、時間外労働が無制限に許されるわけではありません。原則的な時間外労働の限度は、「月 45 時間まで」と決まっています。ただし、例外もあります。36 協定に特別条項という特別な約束事を追加すれば、45 時間を超えることができるのです。

その場合、原則の限度時間（月当たり 45 時間）を超えて延長しなければならない特別な事情と限度時間の記載が必要になります。

なお、「特別条項」をつけても、時間外労働と休日労働の合計で月 100 時間未満、複数月平均で月 80 時間以下、時間外労働だけで年 720 時間の限度があります。さらに、月 45 時間を超えることができるのは年 6 回までです。

労基法違反で大企業が書類送検されたというニュースをしばしば目にしますが、その主な原因は 36 協定違反です。もはや、度を超えた時間外労働は許されない時代なのです。

「36協定」とは？

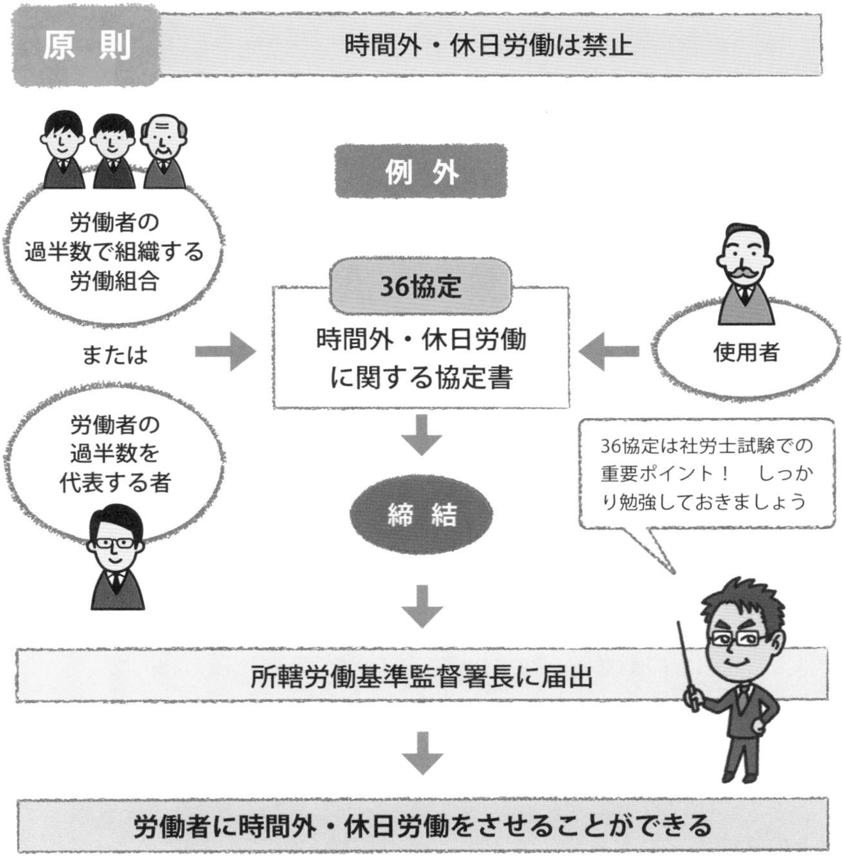

原則　時間外・休日労働は禁止

例外

労働者の過半数で組織する労働組合

または

労働者の過半数を代表する者

→ **36協定**
時間外・休日労働に関する協定書 ← 使用者

↓

締結

↓

所轄労働基準監督署長に届出

↓

労働者に時間外・休日労働をさせることができる

36協定は社労士試験での重要ポイント！　しっかり勉強しておきましょう

ワンポイント

原則、時間外労働の限度は月45時間まで。ただし、例外もある

36協定に「特別条項」を追加することで、月45時間を超えることができます。ただし、臨時的なものに限られ、また45時間を超えてよいのは、年6回までです。

重要度 ★★★

割増賃金とは？

時間外労働、深夜労働、休日労働には割増賃金が支払われます

使用者は、労働者を法定労働時間を超えて労働させた場合、割増賃金を支払わなければなりません。この場合の法定労働時間は、**1日当たり8時間、1週間当たり40時間**（特例措置対象事業場では週44時間。36ページ参照）となります。また、労働者を深夜の時間帯（午後10時〜午前5時）に労働させたときや、法定休日に労働させたときにも割増賃金の支払いが必要です。

労基法35条では、1週間で最低限1日の休日を与えなければならず、この休日のことを法定休日といいます（40ページ参照）。

時間外労働、深夜労働、休日労働の割増率

割増賃金の計算は、通常の労働時間の賃金額を基に、**時間外労働と深夜労働は25%以上の割増率**となります。時間外労働が深夜の時間帯に及んだときは、**25%＋25%で50%以上の割増率**となります。

また、**休日労働については通常の労働日の賃金額の35%以上の割増率**となります。休日労働が深夜の時間帯に及んだときは、**35%＋25%で60%以上の割増率**となります。ただし、休日労働が時間外労働となっても35%以上の割増率のままです。これは、休日労働の35%以上には、すでに時間外労働の25%以上が含まれていると考えられているからです。

1カ月で60時間を超えた時間外労働の割増率

1カ月で**60時間を超えた時間外労働**の割増率は、企業の規模に関係なく**50%以上**となります。ただし、使用者がその事業場の労働者の過半数を代表する者との間で労使協定を締結して代替休暇制度を導入した場合は、割増賃金の支払いに代えて有給休暇を与えることができます。この代替休暇を与えた場合は、**50%以上の割増率**ではなく、**25%以上の割増率**となります。

時間外労働と深夜労働の割増賃金

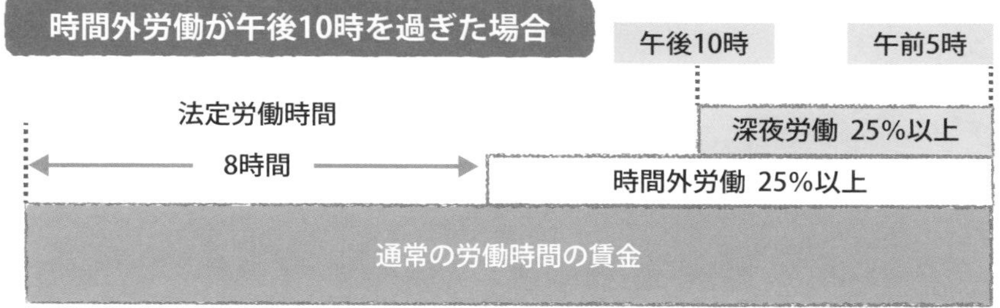

休日労働の割増賃金

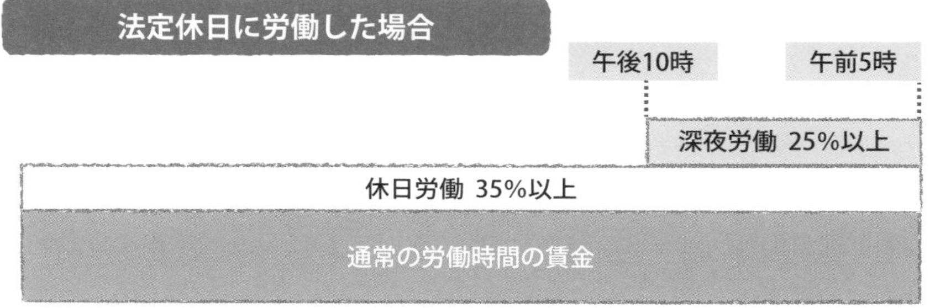

1週間で40時間を超えた場合の時間外労働の例

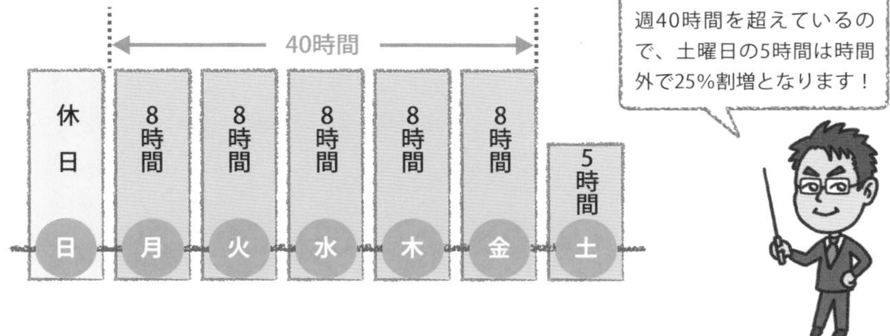

ワンポイント

「代替休暇」とは？

代替休暇とは、引き上げ分の割増賃金の代わりに、通常の労働時間の賃金が支払われる特別の有給休暇のことです。

重要度 ★★★

みなし労働時間制とは？

取決めによって、一定の時間を労働時間と「みなす」制度です

労基法により、使用者は労働時間を適正に管理する義務を負っています。使用者は、タイムカードなどの客観的事実が確認できる方法で、労働時間と出退勤の時刻を管理し、その記録を３年間保存しておく必要があります。

一方で、使用者の直接の指揮監督が及びにくい外勤や研究職、クリエイターといった職種の場合、仕事の進め方を労働者が決めることが多く、労働時間の把握が簡単ではありません。たとえば、デスクでボーッとしているコピーライターの社員を注意したら、「アイデアを考えていた」なんてことも起こり得ます。そこで労基法では、**実際の労働時間ではなく、取決めによる一定の時間を労働時間とみなす制度**を設けています。この制度をみなし労働時間制といいます。

3つの「みなし労働時間制」

みなし労働時間制の種類は、①事業場外労働に関するみなし労働時間制、②専門業務型裁量労働制、③企画業務型裁量労働制の３つがあります。

①の事業場外労働に関するみなし労働時間制は、外まわりの営業職の社員など、使用者が管理できない者が対象となります。たとえば、「外で労働した場合は８時間とみなす」と決めたならば、労働者が外でサボっていても、逆に帰社が遅れても８時間とみなします。

②の専門業務型裁量労働制で対象になるのは、業務遂行の手段や時間配分などについて、使用者が具体的に指示するのが難しい研究・開発職やシステムエンジニア、クリエイター、弁護士など、特定の職種に限られます。

③の企画業務型裁量労働制は、事業の運営に関する企画・立案・調査・分析の業務が対象です。現状では導入事例が少なく、たとえば大企業の経営企画室や銀行の調査部などで導入されています。

使用者には労働時間を管理する義務がある

タイムカードなど、
客観的な確認方法で
「勤怠時間」と「労働時間」を把握

3年間保存

「みなし労働時間制」には3種類ある

①事業場外労働に関するみなし労働時間制

→ 外まわりの営業職や外勤の社員など

②専門業務型裁量労働制

→ 研究・開発職やシステムエンジニア、クリエイター、弁護士などの特定の職種

③企画業務型裁量労働制

→ 事業の運営に関する企画・立案・調査・分析の業務

ワンポイント

3つの「みなし労働時間制」のうち もっとも普及しているのは？

外まわりの営業職などが対象の「①事業場外労働に関するみなし労働時間制」がもっとも普及していて、次に多いのが、「②専門業務型裁量労働制」です。一方、「③企画業務型裁量労働制」の導入は、まだあまり進んでいません。

重要度 ★★★

13 年次有給休暇の取得要件とは？

6カ月間の継続勤務、出勤率8割以上を満たせば取得できます

年次有給休暇は、労基法39条に規定されています。その趣旨は通達（25ページ参照）で、「労働者の心身の疲労を回復させ、労働力の維持培養を図るため、また、ゆとりある生活の実現にも資するという位置づけから、休日のほかに毎年一定日数の有給休暇を与えることにある」としています。

「労働力の維持培養」という言い方は、非常に時代がかった表現ですが、労基法の通達にはこういった表現が多いので慣れておきましょう。

「斉一的取扱い」とは？

年次有給休暇は、すべての労働者に与えられるわけではありません。**その会社に入った日（雇入れ日）から計算して、6カ月間継続して勤務し、全労働日の8割以上出勤した場合に発生**します。この場合、10日の年次有給休暇が与えられます。その後は、6カ月経過日から1年ごとに算定していきます。

多くの場合、雇入れ日は労働者ごとに異なります。そうなると有給休暇の管理が煩雑となることから、たとえば「4月1日に全員に付与する」など、一斉付与日を設けて管理することも認められています。こうした方法を斉一（せいいつ）的取扱いといいます。

年次有給休暇は、労働者がその具体的な日程を指定し（時季指定権）、使用者がそれを拒否する時季変更権を行使しなければ成立します。

パートタイマーの年次有給休暇

年次有給休暇の制度は、正社員だけの制度ではなく、パートタイマーであっても、6カ月間継続して勤務し、出勤率8割以上の要件を満たせば、週の所定労働時間数と所定労働日数に応じて年次有給休暇が発生します。これを比例付与といいます。

年次有給休暇の発生要件

6カ月間（2回目からは1年間）の継続勤務

全労働日の8割以上出勤

→

産前産後の休業期間や育児休業・介護休業期間も出勤したものとして、出勤した割合を算出

一般労働者の年次有給休暇の日数

勤務年数	6カ月	1年6カ月	2年6カ月	3年6カ月	4年6カ月	5年6カ月	6年6カ月
付与日数	10日	11日	12日	14日	16日	18日	20日

パートタイマーの年次有給休暇の日数（比例付与）

		継続勤務期間						
		6カ月	1年6カ月	2年6カ月	3年6カ月	4年6カ月	5年6カ月	6年6カ月
週の所定労働日数	4日	7日	8日	9日	10日	12日	13日	15日
	3日	5日	6日	6日	8日	9日	10日	11日
	2日	3日	4日	4日	5日	6日	6日	7日
	1日	1日	2日	2日	2日	3日	3日	3日

ワンポイント

年次有給休暇は正社員だけの制度ではない

週の所定労働日数が「１日」のパートタイマーでも、6カ月間継続勤務し、全労働日の8割以上出勤すれば、年次有給休暇が発生します。

重要度 ★★★

14 年次有給休暇の「強制5日取得制度」とは？

年次有給休暇が10日以上発生した労働者に対し、1年間で最低5日取得させる義務があります

働き方改革の１つとして、平成31年４月から**１年間で最低５日間の年次有給休暇を使用者が時季指定して取得させる制度**がスタートしました。この制度の対象となるのは、**１回で10日以上の年次有給休暇が発生した労働者**です。

たとえば、４月１日に入社したフルタイムの労働者が全労働日の８割以上の出勤を達成すれば、10月１日に「10労働日」の年次有給休暇が発生します。この場合、使用者はこの労働者に対し、10月１日から１年間に最低５日の年次有給休暇を時季指定して取得させなければなりません。

労働者が自分で取得した場合は？

年次有給休暇は、労働者が自分の都合で取得することが本来の趣旨です。なので、労働者自身が時季指定により５日以上の年次有給休暇を取得した場合、使用者の強制５日の時季指定義務はなくなります。

また、使用者と労働者の過半数を代表する者が話し合いによって計画的付与による一斉取得日を設けて取得した場合も、強制５日の日数から差し引くことになります。

労働者が「前年の繰越し分」を取得したらどうなる？

年次有給休暇の消滅時効は２年間なので、前年に消化しきれなかった分は翌年まで繰り越せます。労働者が前年の繰越し分だけで５日間の年次有給休暇を取得した場合でも、使用者の強制５日の時季指定義務はなくなります。

なお、使用者が、年次有給休暇が10日以上発生している労働者に対して、１年間で最低５日間の年次有給休暇の取得をさせなかった場合は、１件について30万円以下の罰金の対象となります。

◎ 年次有給休暇の使用者による「強制5日の時季指定制度」

フルタイム労働者

年次有給休暇が
1回で10日以上発生！
（全労働日の8割以上出勤）

↔ 発生から1年間

労働者が5日間を時季指定して消化

2日間を時季指定 ｜ 計画年休で3日間

前年繰越し分で5日間を消化

使用者に
時季指定の
義務はない

労働者自身は取得なし

使用者は5日間を時季指定

労働者が2日間を取得

使用者は3日間を時季指定

半日単位の有給休暇の扱いは？

労働者が半日単位で年次有給休暇を取得した場合は、0.5日としてカウントします。

重要度 ★★☆

15 労基法での年少者と妊産婦の保護

労働時間の制限や、強制休業などのルールで年少者と妊産婦を保護しています

労基法には年少者と妊産婦に関する保護規定があります。**年少者とは満18歳未満の者**です。**妊産婦とは、妊娠中の女性と産後1年を経過しない女性**をあわせた意味です。

義務教育中の子どもを働かせるのは禁止

年少者のうち、満15歳に達した日以後の最初の3月31日が終了するまで（つまり、中学卒業年齢まで）の者は児童となり、労働者として使用することは原則禁止です。

また、年少者に対しては時間外・休日労働、および深夜（午後10時～午前5時）労働をさせることも原則禁止されています。

産後8週間は、強制休業期間

出産日以前6週間（双子以上の場合は14週間）は、女性労働者から請求があった場合、休業させなければなりません。また、産後8週間は強制的に休業期間としなければなりませんが、産後6週間を経過した女性労働者から請求があった場合で、医師が認めた業務であれば、労働が認められます。

ちなみに、この休業期間の賃金は、当事者間で決めてかまわないことになっており、無給としても問題ありません。この期間は健康保険の出産手当金対象期間となっているので、健康保険の被保険者となっている者であれば、多くの場合、それまでの賃金の3分の2が後から支払われます（162ページ参照）。

その他、妊娠中の女性には軽易な業務への転換請求権が認められています。ただし、このルールは、その事業場に「軽易な業務」がない場合に、使用者が新たに創設して与える義務までを課したものではありません。

年少者は労基法により保護されている

児　童
（15歳の年度末まで）
→ 原則、労働者として使用禁止

年少者
（18歳未満）
→ 時間外・休日労働、深夜労働の禁止

妊産婦は労基法により保護されている

産前の休業期間
→ 産前６週間（双子以上の場合、14週間）は請求による就労禁止期間

産後の休業期間
→ 産後8週間は原則、就労禁止。ただし、6週間を経過した女性が請求した場合で医師が認めた業務に就くことは可能

軽易な業務転換
→ 妊婦には軽易な業務への転換請求権がある

妊産婦が請求した場合
→ 時間外・休日労働、深夜労働は禁止

ワンポイント

労基法には、年少者と妊産婦の保護規定がある！

令和４年４月１日から民法の成年年齢が18歳に引き下げられ、未成年者が労基法の年少者と同じ年齢となりました。

重要度 ★★★

16 就業規則と労働基準監督官とは？

就業規則とは、職場のルールブック、労働基準監督官とは、労基法の番人です

就業規則とは、使用者が定めた職場のルールブック（規則）のことです。

使用者は、常時10人以上の労働者を使用する場合、就業規則を作成したうえで、過半数の労働者を代表する者の意見書を添付し、所轄労働基準監督署に届け出る義務があります。

就業規則の内容は労基法に違反してはならず、その作成には労基法のみならず他の法令も含めた幅広い知識と専門性が必要となります（就業規則の作成は社労士の専業特化業務となっています）。

就業規則に絶対に記載する必要がある事項とは？

就業規則の記載事項には、必ず記載しなければならない絶対的必要記載事項と、その事業場にルールがある場合に記載する必要のある相対的必要記載事項とがあります。

絶対的必要記載事項には、①始業と終業の時刻、休憩時間、休日、休暇、交替制を導入している場合は就業時転換に関する事項、②賃金の決定、賃金の計算および支払方法、賃金の締切および支払時期、昇給に関する事項、③退職に関する事項（解雇の理由を含む）などがあります。

労働基準監督官は「司法警察官」の職務を担う

労基法の監督機関は労働基準監督官で、労基法101条で「労働基準監督官は、事業場、寄宿舎その他の附属建設物に臨検し、帳簿及び書類の提出を求め、又は使用者若しくは労働者に対して尋問を行うことができる」としています。臨検とは立入り調査のことです。また、「労働基準監督官は、この法律違反の罪について、刑事訴訟法に規定する司法警察官の職務を行う」（労基法102条）とされ、労基法違反の使用者に是正勧告や指導を行っています。

◎「就業規則」とは？

◎労働基準監督官の役割

労働基準監督官

事業場

是正勧告・指導

臨検・尋問

・適正な労働時間の管理
・未払い残業の有無
・有給休暇の管理
・労働者の健康
・メンタルヘルス対策
・労働安全衛生法違反
・健康診断

ワンポイント

就業規則の作成は
社労士の専業特化業務である

就業規則の作成には、労基法や他の法令についての幅広い知識と専門性が必要です。そのため、社労士の専門スキルが求められる業務といえます。

テレワークの普及と社労士業務の拡大

近年、新型コロナウイルスの流行をきっかけに、テレワークや在宅勤務の導入が一気に進みました。労働者にとっては通勤時間が減って、ゆとりが生まれ、使用者にとっては通勤手当の削減や従業員の通勤災害のリスク軽減が望めるなど、労使双方にメリットがある制度です。

しかし、労働時間の管理や仕事とプライベートの分離、モチベーションの維持といった観点からは、新たな問題点も浮上しています。

たとえば、子育て中の従業員の場合、「子どもの近くにいられるので、仕事と両立しやすい」という側面がある一方、小さな子どもほど仕事だからといって待ってはくれず、必然的に、仕事をしながら面倒を見るという状況にもなりがちです。

そのような状況を会社として容認するのか、仮に容認するのであれば、子育てをしていない従業員の待遇とのバランスはどう取るのかなど、実際にテレワークを運用していくと、さまざまな問題点が見えてきます。

さらに、在宅勤務者の評価について、労働者は「適正に評価されているのか」という不安を持ちやすく、評価する上司は上司で「部下を直接、観察できない」という現状があります。

そこで、会社は新しい労務管理の方法を導入せざるを得ない状況に置かれています。

労基法の「フレックスタイム制」や「みなし労働時間制」は、テレワークや在宅勤務にマッチした制度です。それらを導入するに当たり、法律上の問題点はないか、実際に導入する際にどのような手続きが必要となるのか、就業規則にはどう反映するのかといった課題を解決するのが専門家である社労士です。

そのため、社労士は、労基法はもとより、最新の法改正やIT事情にも精通しておく必要があります。

第2章

労働安全衛生法

勉強のコツ！

総則、安全衛生管理体制、
健康診断、ストレスチェックは、
社労士試験対策としてとくに重要です。

重要度 ★★★

労働安全衛生法とは？

労基法から独立した、安全衛生に特化した法律です

労働安全衛生法（以下、安衛法）は、昭和47年に労基法から独立し、施行された、労働者の安全衛生に特化した法律です。

安衛法は、①労働災害の防止のための危害防止基準の確立、②責任体制の明確化、③自主的活動の促進措置を３本柱として、労働者の安全と健康の確保と、快適な職場環境の形成促進を目的としています。

安衛法の特徴は、**「安全」と「衛生」の両面から労働者を守る**という点です。

たとえば安全面でいえば、使用される機械としてもっとも危険度が高いとされるボイラーやつり上げ荷重３トン以上のクレーンを特定機械とし、製造する際には許可を受けることなどを義務づけています。

衛生面においては、労働者の健康を守るために、事業者には各種健康診断やストレスチェックなどの実施義務を規定しています。

労基法では「使用者」、安衛法では「事業者」

安衛法にしばしば登場する労働災害とは、職場の建設物や設備、労働者が行った作業などが原因で、労働者がケガをしたり、病気にかかったり、死亡したりすることです。労働災害の原因は、建設物や設備の物的条件と作業行動の人的条件に大別されます。

安衛法の「労働者」の定義は、労基法９条の「労働者」と同じで、「職業の種類を問わず、事業又は事務所に使用される者で、賃金を支払われる者」となります。ただし、労基法と異なり、安衛法では「使用者」ではなく「事業者」という用語を使います。労基法の「使用者」には、会社や労務管理をしている人事部長などの管理職なども含まれますが、安衛法では、誰が責任を負うかをはっきりさせるために「事業者」という用語を使い、会社や事業主個人そのものを規制の対象としているのです。

安衛法の「3本柱」とは?

安衛法の3本柱

①労働災害の防止のための危害防止基準の確立

②責任体制の明確化

③自主的活動の促進措置

「安全」と「衛生」の両面から、労働者を守るのが目的

安衛法の体系

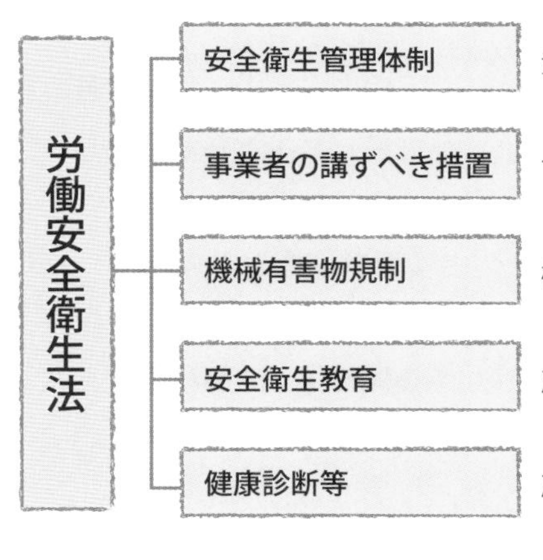

勉強すべき内容

	勉強すべき内容
安全衛生管理体制	責任者や責任体制、委員会の設置
事業者の講ずべき措置	するべきこと、してはいけないこと
機械有害物規制	機械製造許可制、点検、使用、製造禁止など
安全衛生教育	雇入れ時、作業内容変更時、職長教育など
健康診断等	雇入れ時、定期、特定業務、ストレスチェック

ワンポイント

安衛法は、過去の出題傾向を把握し、メリハリをつけて勉強するのがコツ！

安衛法でとくに出題頻度が高い分野が、「安全衛生管理体制」。そのうちの「一般事業での安全衛生管理体制」（60 ～ 61ページ参照）は試験対策として重要事項です。用語の意味や人数の要件を覚えておきましょう！

重要度 ★★★

02 安全衛生管理体制とは?

職場での安全衛生の責任体制を
明確にするための制度です

安衛法の3本柱の1つに責任体制の明確化があると先述しましたが、そのための具体的な規定が安全衛生管理体制です。

工場や作業所にはつねに危険があります。そこで安衛法では、一定規模以上の事業場や建設業などの現場において、**人的な安全衛生管理体制をつくることを義務づけ**ています。

一般事業場での安全衛生管理体制の最高責任者は、総括安全衛生管理者です。

総括安全衛生管理者は、現場で実際に動く安全管理者や衛生管理者の指揮を行うとともに、全体を統括管理します。ただし、選任が必要なのは一定規模以上の事業場です。

また、50人以上の事業場のすべてで衛生管理者の選任が義務づけられています。衛生管理者は免許制度を取っており、第1種衛生管理者免許、第2種衛生管理者免許、および衛生工学衛生管理者免許に分かれています。第2種衛生管理者免許は主に事務作業の事業所で使用でき、建設業や製造業などの危険性の高い業種では使えません。

建設現場などでの安全衛生管理体制は?

下請業者(下請負人)を使用する建設業や造船業の元方事業者(元請け)の現場では、多くの下請負人が同じ場所で作業を進めます。そこで大規模な工事現場では、請負関係における安全衛生管理体制として、現場の最高責任者たる統括安全衛生責任者と、その補佐役となる元方安全衛生管理者(建設業のみ)の選任が必要です。

統括安全衛生責任者は現場に入った際、①協議組織の設置運営、②作業間の連絡調整、③巡視の業務を行い、現場の安全と衛生を確保していきます。

一般事業場での安全衛生管理体制

総括安全衛生管理者

常時、以下の使用労働者数を持つ事業場で選任が必要

①林業、鉱業、建設業、運送業、清掃業 ➡ 100人以上
②製造業、各種商品卸売業、各種商品小売業 ➡ 300人以上
③その他の事業（事務的業種） ➡ 1,000人以上

「総括安全衛生管理者」の覚え方は、「名前が長くてソウ・カン（総・管）たんに覚えられない」です

常時 1,000 人以上の事業場では、専任の衛生管理者が必要です。覚え方は、「衛管は千人超えたら専任だ」です

安全管理者

安全委員会

事務的業種以外で、常時50人以上規模の事業場で必要

衛生3点セット

衛生管理者

産業医

衛生委員会

常時50人以上のすべての事業場で必要

請負関係における安全衛生管理体制

元方事業者（建設・造船）

統括安全衛生責任者

原則：常時50人以上の現場で選任

元方安全衛生管理者（建設業のみ）

「統括安全衛生責任者」の覚え方は、「現場に石が落ちています。『あっ、誰かが投石（統・責）している』」です

下請業者	下請業者	下請業者
安全衛生責任者	安全衛生責任者	安全衛生責任者

重要度 ★★★

健康診断は「労働時間」にカウントされる?

一般健康診断は労働時間にしなくてOK！
特殊健康診断は労働時間です

健康診断には、雇入れ時の健康診断や定期健康診断などの一般健康診断と有害業務に就いた労働者に対して行う特殊健康診断とがあります。

事業者は一般健康診断として雇入れ時の健康診断のほか、1年に1回以上、定期健康診断を実施する必要があります。

一方、労働者の側も、安衛法66条5項により会社が実施する健康診断を受ける義務があります。つまり、**社員が健康診断を受けないのは、法令上の義務違反**になるのです。なお、医師を選ぶ権利の確保の観点から、個人で受けた健康診断の結果を会社に提出する形でもＯＫとしています。

ちなみに、会社が行っている定期健康診断は労働時間にカウントする必要はありません。なぜなら、定期健康診断などの一般健康診断の目的は、労働者自身の健康管理だからです。

それに対して、特殊健康診断は労働時間に算入する必要があります。なぜなら、こちらの場合、特殊な作業や有害作業を行う労働者に対して、そうした仕事を原因とする健康障害の早期発見・防止を目的にしているからです。

健康診断の結果の保存

健康診断を実施した事業者は、**「健康診断個人票」を作成し、これを５年間保存**しなければなりません。ただし、石綿（アスベスト）を扱った労働者については**石綿健康診断個人票を作成して40年間保存**することが義務づけられています。

石綿は建材などの工業製品に使用されてきましたが、その発がん性が問題となり、現在では原則、製造・使用が禁止されています。石綿による健康障害は長く時間が経過した後に発症することから、40年間の保存が義務となっているのです。

事業所が行うべき健康診断

区分	種類	内容
一般健康診断	雇入れ時の健康診断	常時使用する労働者を雇い入れる際に実施
	定期健康診断	１年に１回以上定期的に実施
	特定業務従事者の健康診断	著しく暑い事業場での業務など、指定されている「特定業務」に常時従事している労働者に実施
	海外派遣労働者の健康診断	6カ月以上、海外に派遣する労働者に実施
	給食従業員の検便	雇入れ・配置替えの際に実施
特殊健康診断	有害業務従事中の健康診断	高圧室内作業、潜水業務などに従事する労働者に実施
	有害業務従事後の健康診断	ベンジジン、塩化ビニルの製造などに従事していた労働者に実施
	有害業務従事中の歯科医師による健康診断	酸の発散する業務に従事している労働者に実施

一般健康診断の「特定業務」には、コンビニなどの深夜業も含まれます。そのため、その従業員は６カ月に１回の健康診断が義務となります

一般健康診断 → 労働時間とする必要なし

特殊健康診断  労働時間とする必要あり

重要度 ★★★

長時間労働に関する面接指導とは？

過労死や過労疾病を防止するため、医師による面接指導が規定されています

脳血管疾患の発症や労災認定された自殺事案の多くは、長時間労働との関連性が強いという事実があります。そこで安衛法においては、事業者の義務として、一定の要件に該当した労働者が申し出た場合は、医師による面接指導を行うことになります。

面接指導の対象となる労働者とは？

面接指導の対象となる労働者は、休憩時間を除いて、**1週間当たり40時間を超えて労働した時間（時間外労働と休日労働を合わせた時間数）が、1カ月間で「80時間」を超え、かつ、「疲労の蓄積」が認められる者**です。事業者はこの労働者が申し出た場合、遅滞なく医師による面接指導を実施しなければなりません。

なお、事業者は、労働者の面接指導の申し出を促すため、時間外・休日労働時間の算定を行い、1週間当たり40時間を超えた労働時間が、1カ月当たり80時間を超えている労働者本人に対して、速やかにその超えた時間数を通知する義務があります。

面接指導後の流れ

事業者は、面接指導実施後にその面接指導を担当した医師から意見を聴取しなければなりません。それにより、必要があると認めるときは、労働者の健康を守るため、就業場所の変更や作業の転換、労働時間の短縮、深夜業務の回数の減少などの措置を実施しなければなりません。

また、医師の意見については衛生委員会（61ページ参照）への報告が義務づけられています。

長時間労働に関する医師の面接指導

1週間で…

労働者

「40時間」を超えた時間が、
（時間外労働＋休日労働）

1カ月間集計して…

労働者

「80時間」を超え、かつ、
「疲労の蓄積」が認められる労働者が申し出た場合は、

事業者

遅滞なく、医師による面接指導を
実施しなければならない

ワンポイント

産業医の役割は？

産業医は、労働者に対して面接指導を受けるよう勧奨することができます。また、面接指導の結果は５年間の保存が必要です。

重要度 ★★★

05 ストレスチェックの実施の流れ

年 1 回実施し、実施後は報告書を作成して、労働基準監督署へ提出します

ストレスチェック制度は、労働者のメンタル不調を未然に防止することを目的として、安衛法の改正により平成 27 年 12 月に施行されました。

労働者がメンタル不調に陥らないためには、労働者自身が自らのストレスの状態をしっかりと知ることが重要です。それを測るために実施するのがストレスチェック（心理的な負担の程度を把握するための検査など）です。

現在、**常時 50 人以上の労働者を使用する事業場では、年 1 回の定期的な実施が義務**となっており、ストレスチェックを実施したら報告書を作成して所轄労働基準監督署に提出する必要があります。

ストレスチェックの項目は、①職場におけるストレスの原因、②労働者自身のストレスの自覚症状、③職場における他の労働者による支援とされています。まとめると、「原因」「自覚症状」「支援」です。

結果を労働者本人の同意なしに会社に開示するのは禁止

ストレスチェックの結果は、実施者である医師や保健師から直接、労働者本人に通知され、その同意なしに会社に開示することは禁止されています。

また、ストレスチェックの事務に人事部長や労務担当の役員を充てることはできません。なぜなら、ストレスチェックの結果を人事評価や昇進の資料とされては困るからです。

事業者はストレスチェックを実施後、ストレスの高い労働者が申し出て、かつ医師がその必要性を認めた場合には、医師の面接指導を受けさせなければなりません。

事業者はその結果について遅滞なく医師の意見をヒアリングし、必要があれば職場の変更や、作業の転換、労働時間の短縮といった措置を講ずるほか、医師の意見を衛生委員会などに報告する必要があります。

ストレスチェック～面接指導の流れ

事業者　ストレスチェックの実施

↓

労働者　ストレスの高い人には、医師による面接指導

↓

事業者　医師から意見を聴取

↓

労働者に対して、就業場所の変更など、必要な措置を取る

↓

衛生委員会などへの報告

ワンポイント

パートタイマーにもストレスチェック実施の必要はある？

パートタイマーでも、週の所定労働時間が通常の労働者と比べて４分の３以上の者には、ストレスチェックを実施しなければなりません。

「安衛法」の勉強にはどう取り組むか？

社労士試験において、安衛法は労基法とセットとなり、そのうち安衛法の配点は、選択式試験では５点中２点、択一式試験では10点中３点となっています。そのため、この科目で高得点を狙うことはできません。

では、手を抜いてもよいかといえば、そうともいえません。もし、セットである労基法の出来がいまひとつだった場合に、安衛法で１点でも取れていれば非常に安心できます。なぜなら、合格基準点（最低ライン）割れの不安がなくなるからです。なので、最低限の試験対策は必要です。

では、最低限の対策とは、どのような対策なのでしょうか。

ここでしっかりインプットしておいてほしいのが、「社労士試験の合格点は相対的基準で決定する」ということです。

選択式試験で考えてみると、合格基準点として原則５点中３点を取ることが要求されます。ただし、３点以上の受験者割合が５割に満たない場合は、原則として２点に引き下げるという救済がかかります※。

ということは、多くの受験生が得点できない問題を落としても致命傷とはならないが、多くの受験生が得点できる問題を落としてしまい、かつ合格基準点割れをした場合は、厳しい結果となる可能性が高いということです。

この点から安衛法の試験対策を考えるならば、「多くの受験生が得点できそうな問題を見逃してはいけない！」となります。

※参考　厚生労働省：「社会保険労務士試験の合格基準の考え方について」

各科目の合格基準点（選択式３点、択一式４点）以上の受験者の占める割合が５割に満たない場合は、合格基準点を引き下げ補正する。

ただし、次の場合は、試験の水準維持を考慮し、原則として引き下げを行わないこととする。

① 引き下げ補正した合格基準点以上の受験者の占める割合が７割以上の場合

② 引き下げ補正した合格基準点が、選択式で０点、択一式で２点以下となる場合

第 3 章

労働者災害補償保険法

勉強のコツ！

業務災害・通勤災害となる事例、保険給付、
通則（全体を通してのルール）、特別加入は
社労士試験の頻出事項です。

重要度 ★★★

労働者災害補償保険法とは?

労基法の「災害補償規定」をカバーするためにつくられた法律です

労基法ではその75条1項で「労働者が業務上負傷し、又は疾病にかかった場合においては、使用者は、その費用で必要な療養を行い、又は必要な療養の費用を負担しなければならない」とし、使用者の**無過失の災害補償責任**を明確にしています。

簡単にいえば、「仕事が原因で、労働者がケガをしたり、病気になったりしたら、使用者に直接責任がなくとも（無過失）、治療費は使用者が出してね」ということです。しかし、使用者にお金がなかったら、この規定も絵に描いた餅になってしまいます。

そこで、労基法が施行されたのと同じ昭和22年に、この災害補償規定を具体的に補うものとして、**労働者災害補償保険法**（以下、労災保険）が施行されました。

その後、通勤ラッシュが増えた昭和47年に**通勤災害に関する保険給付**、過労死が問題となった平成12年には過労死予防のための健康診断を現物給付で行う**二次健康診断等給付**が規定されました。また、令和2年からは複数の会社に雇用されている労働者について**複数業務要因災害に関する保険給付**が規定されています。

労災保険の対象となる人・ならない人

労災保険は、原則、労働者を使用するすべての事業所において強制的に適用されます。また、適用事業に使用される者であれば、パートタイマーやアルバイト、日雇労働者や外国人労働者（不法就労も含む）も対象とされます。

一方、**法人の代表取締役など、労基法の「労働者」とならない者は適用対象外**となります。ただし、中小事業主や一人親方（大工などの自営業者）、海外派遣者は、**特別加入制度**により制度の適用を受けることができます。

労災保険が適用される事業所や労働者

強制適用事業	原則として、労働者を使用するすべての事業所で適用
暫定任意適用事業	個人経営で… ・常時5人未満の農業（危険有害作業、特別加入を除く） ・常時労働者を使用せず、年間延べ使用人数が300人未満の林業 ・常時5人未満の水産業で、5トン未満の漁船、および5トン以上であっても、河川、湖沼、湾などの特定水面で主に操業している場合
特別加入 （82ページ参照）	承認を受けて特別に加入できる者 ・中小事業主 ・一人親方（大工などの自営業者） ・海外派遣者

労災保険事業の種類

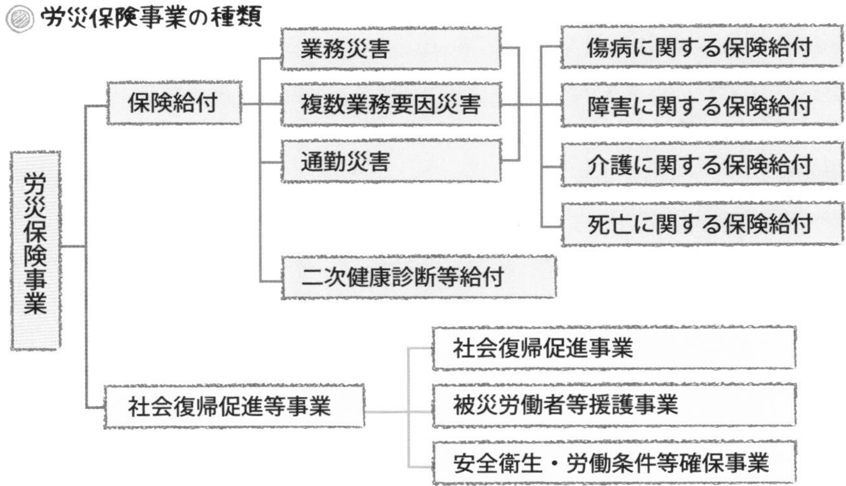

ワンポイント

労災保険は、正社員、パートタイマー、アルバイト、外国人を問わず、すべての労働者に適用される

労災保険はあらゆる労働者に適用されますが、「労働者」とならない法人の代表者には適用されません。ただし、中小企業の事業主は「特別加入」という制度によって加入することができます。

重要度 ★★★

業務災害の2つの種類とは？

「業務上の負傷」と「業務上の疾病」の2つがあります

業務災害には①業務上の負傷と②業務上の疾病の２つがあります。

まず①の業務上の負傷ですが、この場合、**「業務遂行性」と「業務起因性」の２つが認定基準**となります。業務遂行性とは労働者が仕事をしている状態のことを指し、業務起因性とは業務と傷病との間に一定の因果関係が存在することをいいます。

業務にともなう危険が現実化したものが「業務上の負傷」とされますので、作業中の負傷は大部分が業務災害と認定されます。たとえば、かつて社労士試験で出題された事例ですが、草むらに投げ込まれた小型パイプを探しに入った作業員が、その地に多く生息するハブ（毒蛇）に左足部をかまれて負傷し、業務災害に認定された、というケースがあります。ハブにかまれて労災認定が出るのかと不思議に感じるかもしれませんが、ハブの生息する地域なら業務起因性があるといえるでしょう。

ただし、作業中であっても、私用（私的行為）や業務とは関係ないこと（業務逸脱行為）などでの負傷については、認定されないことがあります。

うつ病も要件を満たせば業務災害に

次に②の業務上の疾病ですが、**いわゆる「職業病」がこれに該当**します。業務上の疾病となるかどうかは、職種ごとに例示された症状に該当するか否かによって判断されます。

たとえば、脳梗塞を発症する前の１カ月で100時間を超える時間外労働があった場合は、業務と発症との関係が強いと判断されます。また、うつ病を発症する前の１カ月で160時間を超える残業があった場合も、業務上の疾病に認定され得ます。業務による心理的負荷が原因でうつ病となったと認められる労働者が自殺した場合、業務上の死亡と認定されます。

業務災害の2つの種類

① 業務上の負傷

業務中に、その業務にともなって負ったケガなど。仕事での作業中は、私的行為や業務逸脱行為などを除いて大部分が業務災害となる

業務遂行性	業務起因性
労働者が仕事をしている状態のこと	業務と傷病との間に一定の因果関係が存在すること

業務災害として認定

② 業務上の疾病

業務上の負傷から疾病に至った場合や、職業病、長時間労働による脳血管疾患、極度のストレスなどによるうつ病など

「業務上の疾病」は、社労士試験では超重要ポイントです！

労基法施行規則・別表1の2の職種別の事例に該当する

業務災害として認定

【事例】

■脳梗塞の発症前の1カ月で100時間超の残業
➡業務との関連性が強い

■うつ病の発症前の1カ月で160時間超の残業
➡業務上の疾病となり得る

ワンポイント

業務上の負傷では、「業務遂行性」と「業務起因性」の2つが認定基準となる

確認の手順としては、先に「業務遂行性」（仕事中であること）を確認し、その後に「業務起因性」（業務とケガなどの間に因果関係があること）を確認する、となります。

重要度 ★★★

「通勤」となる移動・ならない移動

出張での移動は業務中なので、通勤になりません

通勤とは、労働者が、就業のために住居と就業の場所との往復の移動を合理的な経路・方法で行うことをいいます。通常の通勤経路上での負傷であれば、だいたい**通勤災害**と認定されます。

ただし、「**業務の性質を有するものは除く**」とされています。たとえば、出張は目的地への移動を含めて、その過程すべてが原則として業務中とされるため、通勤とはなりません。ちなみに、出張中といえども、積極的な私的行為（たとえば、出張と関係ないスナックで盛り上がる行為など）は、当然のことながら「業務」とは認められません。

職場からの帰路中のデートは通勤となる？

労働者が、通勤の途中で就業や通勤と関係のない目的で、合理的な経路からはずれることを**逸脱**、就業や通勤とは無関係なことを行うことを**中断**といいます。**逸脱、または中断後の移動は原則として通勤とされません**。

ただし、その逸脱、または中断が「日常生活上必要な行為であって厚生労働省令で定めるもの」を最小限度の範囲で行う場合は、それらの逸脱、または中断の間は通勤となりませんが、その後、通常の通勤経路に戻った時点からは通勤と認められます。

「日常生活上必要な行為であって厚生労働省令で定めるもの」とは、①日用品の購入など、②職業訓練校・学校での受講など、③選挙権の行使など、④病院または診療所での受診など、⑤一定の親族の介護などです。

たとえば、独身の労働者が食堂に立ち寄る行為は、①の「日用品の購入など」に該当し、通常の経路に戻れば通勤と認められます。一方、同じ食事でも、デートや友人との食事会の場合は、その後いつもの通勤経路に戻ったとしても通勤と認められません。

「通勤」となる移動・ならない移動

パターン① 一般的な通勤

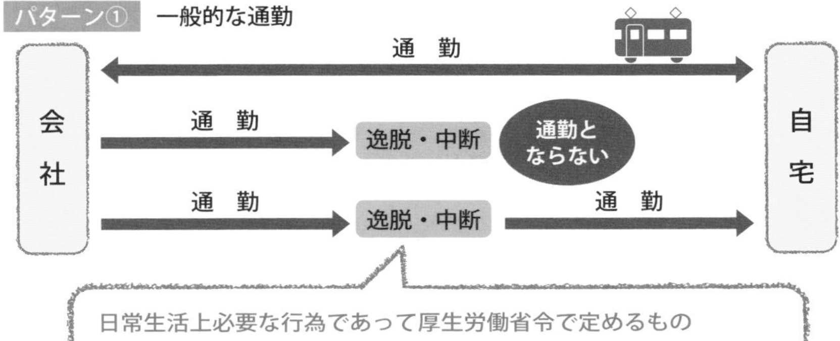

日常生活上必要な行為であって厚生労働省令で定めるもの

①日用品の購入など　②職業訓練校・学校での受講など　③選挙権の行使など
④病院または診療所での受診など　⑤一定の親族の介護など

①～⑤の行為を最小限度の範囲で行って、通常の通勤経路に戻った場合、その後は「通勤」と認められる

パターン② 複数の会社で仕事を掛け持ち

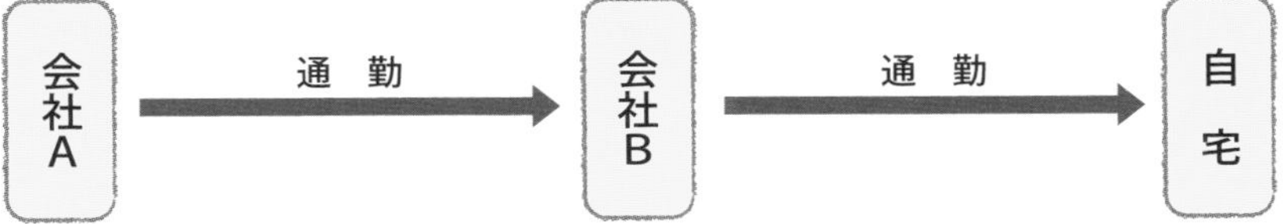

パターン③ 単身赴任先の仮住まいと自宅の往復

ワンポイント

出張中の交通事故は、「業務災害」となる

住居と出張先との往復は「通勤」ではなく、「業務行為」となります。社労士試験によく出る「出張のため自宅を出たところで交通事故で死亡した」という事例は、「通勤災害」ではなく「業務災害」（72ページ参照）とされます。

重要度 ★★★

労災保険の給付の種類を知ろう

給付の種類は、「治ゆ前」「治ゆ後」「死亡」の３つに分けられます

業務災害と通勤災害の労災保険の給付内容はほぼ同じです。ただ、その名称はやや異なり、業務災害の場合、「療養補償給付」のように補償の文字を入れますが、通勤災害では入れません（「療養給付」）。

これらの労災保険の給付は、治ゆ前、治ゆ後、死亡に分かれています。「治ゆ」とは、症状が固定して治療の効果が見込めない状態のことです。

労災保険では治療そのものを療養といい、治ゆ前の保険給付として療養（補償）給付が受けられます。また、休業している労働者には休業（補償）給付として、給付基礎日額（平均賃金相当額）の６割と休業特別支給金として同じく２割の、合計８割が支給されます。

さらに、労働者が障害状態となった場合は、障害（補償）給付の対象とされます。障害（補償）給付は治ゆ後の給付であるため、状態が重篤であっても治ゆ前には支給されません。ただし、治ゆ前の段階でも所轄労働基準監督署長の職権決定があれば、傷病（補償）年金が支給されます。

また、労働者が死亡した場合は、その労働者によって生計を維持していた配偶者や子などの遺族に、遺族（補償）給付が支給されます。

「複数業務要因災害」とは？

令和２年の改正により、**副業などを行う者について「複数業務要因災害」による保険給付が創設**されました。

たとえば、時間外労働がＡ社で50時間、Ｂ社で50時間あった者が、長時間労働による過労により脳血管疾患となった場合、この制度の創設前は、Ａ社とＢ社の労働時間数は合算されず、業務災害との認定は行えませんでした。創設後は、Ａ社とＢ社の労働時間数を合算した100時間で判断されるため、認定を行えるようになりました。

労災保険の給付の種類

※業務災害の場合は、給付の名称に「補償」という文字が入る

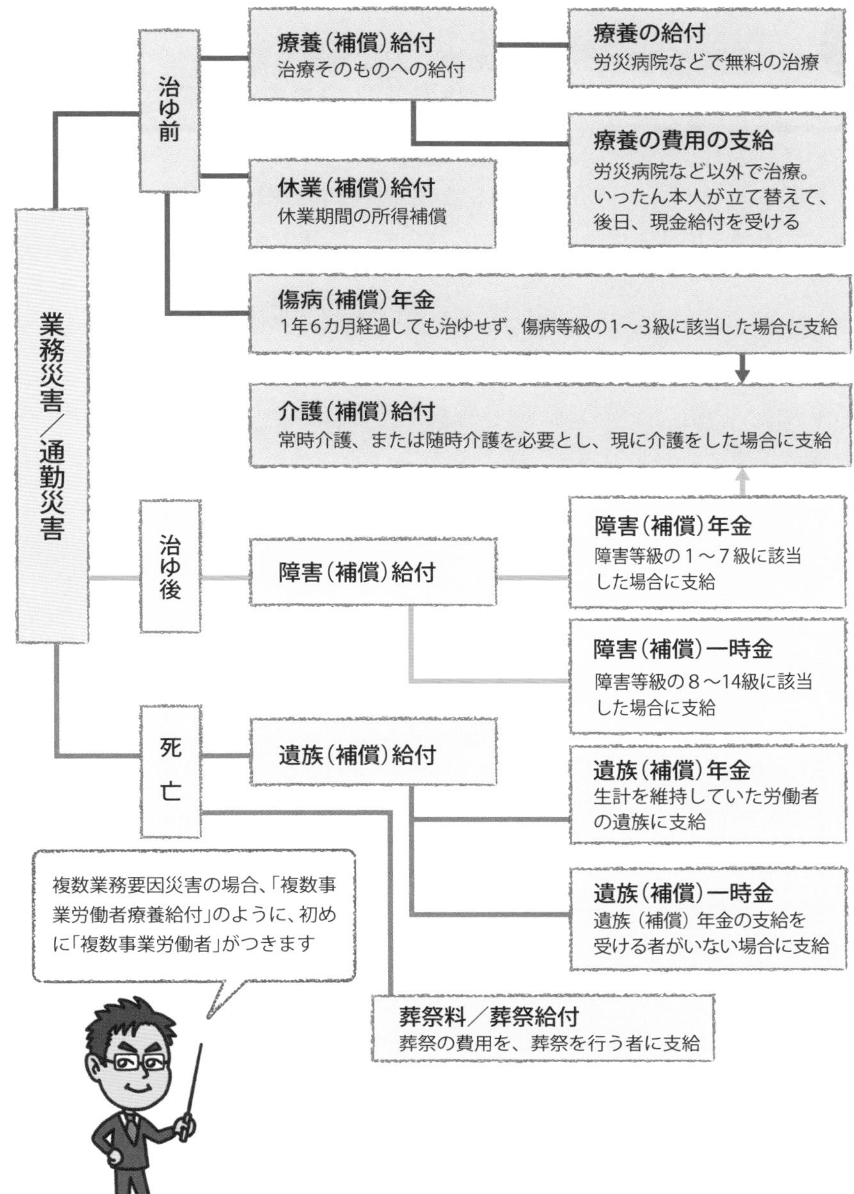

重要度 ★★☆

二次健康診断等給付とは？

病気の予防などを促すため、二次健康診断と医師などによる特定保健指導の２つがあります

平成に入りバブル経済が崩壊した後、長時間労働や業務上のストレスによって体調を崩す労働者が増加し、社会的にも過労死が大きな問題となりました。

こうした時代背景の中、働きすぎによる傷病を予防するため、平成12年の改正により創設されたのが**二次健康診断等給付**です。

それまでの労災保険の給付は、傷病が発生した後、その治療や経済的損失を補てんするものでした。一方、新しくつくられた二次健康診断等給付は、無料の精密検査などにより、病気の早期発見や、その兆候を捉えての注意喚起、さらには特定保健指導の実施をしていくという、**予防のための保険給付**という点で非常に画期的なものです。

二次健康診断等給付の対象者とは？

では、具体的な給付内容を見ていきましょう。

二次健康診断等給付の対象者は、会社の定期健康診断などのうち、直近のもの（**一次健康診断**）において、血圧や血液検査、BMIなどのすべての項目に異常の所見があると診断された労働者です。

給付の種類には、**二次健康診断**と、その結果に基づいた医師、または保健師による面接形式での**特定保健指導**があります。

特定保健指導では、①栄養指導（適切なカロリーの摂取など、食生活上の指針を示す指導）、②運動指導（必要な運動の指針を示す指導）、③生活指導（飲酒、喫煙、睡眠などの生活習慣に関する指導）が行われます。

二次健康診断等給付は、健診給付病院（労災病院または都道府県労働局長が指定する病院など）で１年に１回を限度として行われます。その給付の請求は、一次健康診断を受けた日から３カ月以内に行う必要があります。

二次健康診断等給付とは？

過重労働

長時間労働

業務上のストレス

各種ハラスメント

労働者

会社の定期健康診断

・血圧検査
・血中脂質検査
・血糖検査
・腹囲またはBMIの検査

↓

すべての項目に異常の所見があった

↓

健診給付病院

二次健康診断等給付により、
二次健康診断と**特定保健指導**を実施

「特定保健指導」の３つの指導の覚え方は、「ええ運勢（栄・運・生）」です

❶ 栄養指導
❷ 運動指導
❸ 生活指導

ワンポイント

過労死の予防を目的とする二次健康診断等給付

平成12年に新たに創設された二次健康診断等給付は、健康診断を実施して「過労死予防」をするという画期的な保険給付といえます。

1 労働基準法
2 労働安全衛生法
3 労働者災害補償保険法
4 雇用保険法
5 労働保険徴収法

重要度 ★★☆

医療保険、各種年金に共通する「通則」とは？

労災保険、健康保険、国民年金、厚生年金保険には共通するルールがたくさんあります

通則とは、その法律全体に適用する共通ルールのことです。

労災保険の通則には、**支給期間と支払期月、死亡の推定、未支給の保険給付、年金の内払と充当、受給権の保護や保険給付の非課税、支給制限**などの規定があります。

労災保険制度は、医療保険の分野としては健康保険（第７章参照）、年金分野としては国民年金（第８章参照）と厚生年金保険（第９章参照）と多くの規定で共通しています。効率的に社労士試験の勉強を進めるには、**それぞれの共通部分を一緒に覚える**のがおすすめです（15 ページ参照）。

年金に共通するルールとは？

たとえば、労災年金、国民年金、厚生年金保険に共通しているルールに、「年金たる保険給付の支給は、支給すべき事由が生じた月の翌月から始め、支給を受ける権利が消滅した月で終わる」というものがあります。

つまり、**年金の支給は、「翌月」からスタートして「（消滅した）その月」で終了**します。また、**年金は２カ月に１回、偶数月に支給**されます。これも３つの年金に共通しているルールです（176、202 ページ参照）。

「死亡の推定」のルールも３つの年金で共通しています。たとえば、船舶が沈没し、乗っていた労働者の生死が**３カ月間**わからない場合、その船舶が沈没、行方不明となった日に労働者は死亡したものと「推定」します。

海難事故などで行方不明となり生死不明なままでは、家族に年金を出すことができません。家族はその人の生存を切に願っていますから、一概に死亡と断定するのははばかられますが、遺された家族にも生活があります。そこで、とりあえず死亡と「推定」し、遺族となった家族に遺族年金を支給するのです。

労災保険、国民年金、厚生年金保険の「死亡の推定」とは？

船舶が沈没・転覆・滅失・行方不明となった日

航空機が墜落・滅失・行方不明となった日

船舶・航空機の航行中に労働者が行方不明となった日

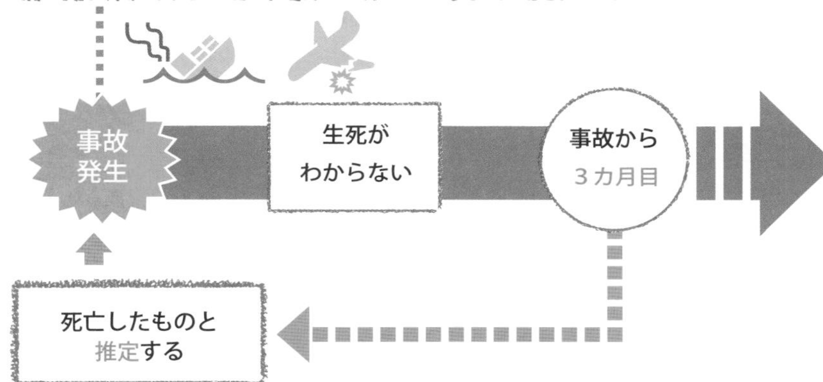

死亡したものと
推定する

「死亡の推定」での「推定する」とは、反証がなされた場合に、その明らかになった事実に基づいて法律関係が処理されることをいう。そのため、民法の失踪(しっそう)宣告の場合の「みなす」（反証を許さない）とは取扱いが異なる

死亡の推定がなされるのは、
船舶と航空機の場合だけです

ワンポイント

「死亡の推定」は、労災保険、国民年金、厚生年金保険の共通事項

「死亡の推定」でよく出題されるのは、「死亡がどの時点で推定されるか」ということです。たとえば、船舶が沈没して3カ月経過しても生死がわからない場合は、「沈没した日」に戻って推定がなされます。「3カ月経過した日」ではありません。

重要度 ★★★

特別加入とは?

経営者や個人事業主、海外派遣者などが加入できる労災保険です

労働者と同じ作業をしている中小企業の経営者、自営業者、労災保険の対象とならない海外派遣者については、特別に労災保険に加入することができます。この制度のことを**特別加入**といいます。

加入には「政府の承認」が必要

経営者である社長や役員は労働者ではないので、原則として労災保険の対象とはなりません。

ただ、中小企業の中には社長や役員も労働者と一緒に現場作業をしている会社が多くあります。そのような会社の社長や役員は、政府の承認を受けて労災保険に特別加入することができます。

政府の承認といっても実際は、労働保険事務組合（118ページ参照）を通して所轄労働基準監督署で手続きをする、というシンプルなものになります。

また、自営業の建設業関係者や運送業に従事している人、自営業の農作業従事者や介護関係のヘルパーの人たちは個人事業主となるので、労災保険の適用がありません。しかし、仕事としては労働者と同じです。

そこで、こういう立場の人たちは、組合などの所属団体を通して労災保険に特別加入することが可能です。この制度を、**一人親方等の特別加入**といいます。

国内の会社の指揮命令権が及ばない海外の支店や発展途上国の開発事業などで働く人たちを、**海外派遣者**といいます。

海外派遣は、国内の会社からの指揮命令を受けて、一定の期間を区切って仕事をする海外出張とは異なります。海外出張の場合は、通常の労災保険の適用がありますが、海外派遣の場合は適用がありません。そこで、海外派遣者にも、労災保険への特別加入が認められています。

労災保険の「特別加入」制度とは？

特別加入制度

「労働者」とはいえない者が
特別に労災保険に加入することができる制度

中小事業主等の特別加入	・常時300人以下の労働者を使用する事業主 ・常時50人以下の労働者を使用する、金融業、保険業、不動産業、小売業の事業主 ・常時100人以下の労働者を使用する、卸売業、サービス業の事業主
一人親方等の特別加入	・一人親方等（個人タクシー、個人貨物運送業者、左官・大工・とび、医薬品の配置販売、芸能関係作業従事者など） ・特定作業従事者（農業、家内労働者、介護関係など）
海外派遣者の特別加入	・発展途上にある地域において行われる事業に従事させるために、海外に派遣される者 ・日本国内で事業（有期事業を除く）を行う事業主が、海外の地域において行われる事業に従事させるために派遣する者

「特別加入」の手続きの流れ

- 中小事業主
- 役員
- 家族従事者

↓

労働保険事務組合

- 一人親方等の個人事業主
- 特定作業従事者

↓

業界団体

- 海外派遣者

↓

労災適用継続事業

政府の承認

ワンポイント

「特別加入」は試験対策上、超重要事項！

特別加入制度は、労災保険でも労働保険徴収法（第５章参照）でもよく出題されるテーマです。①中小事業主等、②一人親方等、③海外派遣者は「労働者」ではありませんが、それに準じて保護をする必要があるため、特別加入の対象とされています。

重要度 ★★☆

社会復帰促進等事業とは？

リハビリや経済的な支援、
業務災害の防止活動の援助などを行います

社会復帰促進等事業は、①社会復帰促進事業、②被災労働者等援護事業、③安全衛生・労働条件等確保事業の３つに分かれています。

このうち、①社会復帰促進事業は、その名の通りケガや病気により労務不能となった労働者の社会復帰を促すことを目的とした事業です。労災病院や医療リハビリテーションセンターの設置・運営、義肢等補装具の費用の支給、労災アフターケアなどを実施しています。

②の被災労働者等援護事業は、保険給付の上乗せである特別支給金の支給、被災労働者の子に対して学費の一部をサポートする労災就学援護費の支給、高齢被災労働者に対する介護の実施など、主に被災労働者に対する経済的支援を行っています。

③の安全衛生・労働条件等確保事業では、労働時間等の設定の改善などについて成果を上げた中小企業の事業主への働き方改革推進支援助成金の支給や、倒産した会社の代わりに未払いとなった賃金の一部を払う未払賃金の立替払事業（130ページ参照）などを実施しています。

「特別支給金」の内容とは？

②の被災労働者等援護事業で支給する特別支給金には、一般の特別支給金とボーナス特別支給金とがあります。

一般の特別支給金には、休業（補償）給付の60％給付に追加で20％上乗せする休業特別支給金や、保険給付ごとに一時金を支給するものがあります。

一方、ボーナス特別支給金については、被災労働者の賞与（年150万円が上限）を日割りにした額を算定基礎日額とし、労災保険給付に加算して支給します。

社会復帰促進等事業の種類

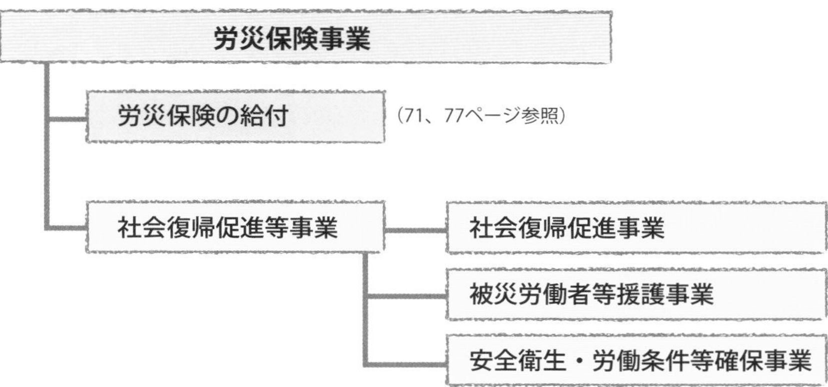

社会復帰促進等事業の内容

事業名	事業の内容
①社会復帰促進事業	・労災病院や医療リハビリテーションセンターの設置・運営 ・義肢等補装具の費用の支給 ・労災のアフターケア …など
②被災労働者等援護事業	・保険給付の上乗せとなる「特別支給金」(一般の特別支給金、ボーナス特別支給金)の支給 ・被災労働者の子に対して、学費の一部を支給する「労災就学援護費」の支給 …など
③安全衛生・労働条件等確保事業	・「働き方改革推進支援助成金」の支給 ・倒産した会社の代わりに、未払いとなった賃金の一部を払う「未払賃金の立替払事業」の実施 …など

ワンポイント

独立行政法人が行う社会復帰促進等事業

社会復帰促進等事業のうち、労災病院の設置や未払賃金の立替払事業を行っているのが「独立行政法人労働者健康安全機構」です。

職場のハラスメントに社労士はどう関わるか？

職場でのストレスや各種のハラスメントが原因となって精神障害となり、労災認定されるケースがあります。

職場のハラスメントには、セクハラ、パワハラ、マタハラ、モラハラなどがあります。マタハラは「マタニティハラスメント」の略で、出産や育児などを理由に女性に対して差別的扱いや言動をすること。モラハラは「モラルハラスメント」の略で、いきすぎた言葉や態度で他人を傷つける精神的な暴力のことです。こうしたトラブルを処理するのも社労士の仕事です。双方の言い分を聞いたうえで鎮静化できるのが理想です。

逆に、被害を受けたと感じた社員が退職するとなると、事態が紛糾することとなります。たとえば、離職理由が「ハラスメントによる退職」となれば、当然、会社の管理責任が問われます。会社にとって深刻な事態となりかねないのが、被害者が精神的なダメージによりうつ病を発症し、弁護士が間に入って休業損失や慰謝料の請求を行ってくる、というケースです。この場合、弁護士も、「正義の戦い」となるのでかなり気合を入れてきます。会社側に立つ社労士としてはけっこう大変です。

私の経験上、ハラスメントを行っている社員には、大抵の場合、自分がハラスメントをしているという自覚がありません。とくにパワハラなどの場合は、むしろ自分は部下や後輩をしっかり教育する「よい先輩」、同僚に対して適切なアドバイスをする「いい人」だと思っていることがあります。それゆえに、ハラスメントの問題を起こす社員は、同じことを繰り返す傾向があります。

最近は、年配の男性社員（オヤジ）への「オヤジハラスメント」（オヤハラ）も多くなっています。これもまた注意しなければいけません。会社が憩いの場である「オヤジ」も多いのですから。

第4章

雇用保険法

勉強のコツ!

全体的な体系を先に覚えるのがコツです。
そのうえで、細かな内容に入っていきましょう。

重要度 ★★☆

雇用保険法とは？

失業中の生活保障だけでなく、再就職へのサポートも規定している法律です

雇用保険法は昭和50年から施行されています。といっても、いきなりできたわけではありません。それ以前は**失業保険法**という名前でした。

旧失業保険法では、失業した労働者の生活保障が主な目的でした。一方、新しい雇用保険法では、失業時の給付（**求職者給付**）に加え、早期の再就職を促す**就職促進給付**、教育訓練費用について給付金を支給する**教育訓練給付**、高年齢者や育児・介護休業中の人に給付金を支給して雇用の継続を促す**雇用継続給付**が追加して規定されました。

そして令和２年４月からは、**育児休業給付**が失業等給付から独立し、「子を養育するために休業した労働者の生活および雇用の安定を図るための給付」となりました。

雇用保険法での「失業」の定義

雇用保険制度は、原則として労働者を雇用するすべての事業が対象となります。ただし、法人ではなく個人経営で、常時５人未満の労働者を使用する農林水産業は強制適用になっていません。また、学生アルバイトや、労働時間が週20時間未満のパートタイマーなどは被保険者とはなりません。

ただし、65歳以上の者が２つの事業所で雇用され、週の合計労働時間が20時間以上になるときは**特例高年齢被保険者**となることができます（95ページ参照）。

雇用保険法において「失業」とは、被保険者が離職し、**労働の意思**、および**能力**を有するにもかかわらず、職業に就くことができない状態をいいます。「労働の意思」とは就職しようとする**積極的な意思**のことで、「能力」とは、労働による賃金で自己の生活を支えることができる**精神的、肉体的および環境上の能力**のことです。

「雇用保険制度」とは？

会社員期間	離職	失業期間
保険料の拠出		給付の受給
制度を支える側		制度で支えられる側

被保険者

受給権者

会社員期間	失業期間
雇用継続給付	求職者給付
育児休業給付	就職促進給付

教育訓練給付

ワンポイント

「雇用保険法」の学習のポイント

雇用保険法の学習は、「離職」の前か後かを意識して進めるのがコツです。

重要度 ★★★

基本手当とは？

一般の被保険者が失業期間中に受け取れる給付のことです

雇用保険事業は、失業等給付と育児休業給付、雇用保険二事業（102 ページ参照）とに大別されます。ここでは失業等給付について解説していきます。

失業等給付とは雇用保険の保険給付のことで、求職者給付、就職促進給付、教育訓練給付、雇用継続給付の 4 種類があります。

求職者給付は、被保険者が失業して、その認定を受けた場合に、被保険者の種類ごとに支給されるものです。一般の被保険者の失業については基本手当、65 歳以上の高年齢被保険者の失業については高年齢求職者給付金、季節労働者である短期雇用特例被保険者の失業については特例一時金、日雇労働被保険者については日雇労働求職者給付金が支給されます(右ページ参照)。

基本手当を受けるための要件

基本手当とは、会社員など一般の被保険者が失業し、その失業期間中に受けることができる給付のことです。

基本手当を受けるためには、転職希望などでの自己都合による退職では、離職の日以前 2 年間に被保険者期間が通算して 12 カ月以上あることが必要です。ただし、その者が特定受給資格者、または特定理由離職者の場合、その要件は離職の日以前 1 年間に通算 6 カ月以上あることに緩和されます。

ちなみに、特定受給資格者とは、会社都合の解雇や倒産による離職者、雇用期間が決まっている有期契約労働者で、更新の約束があるのにもかかわらず更新されずに雇止めとなった者などのことです。

また、特定理由離職者とは、雇用通知書で「更新することができる」などの曖昧な明示に対し更新を希望したが雇止めとなった者や、体力不足、親族の看護などの正当な理由のある自己都合で離職した者のことです。

雇用保険事業の種類

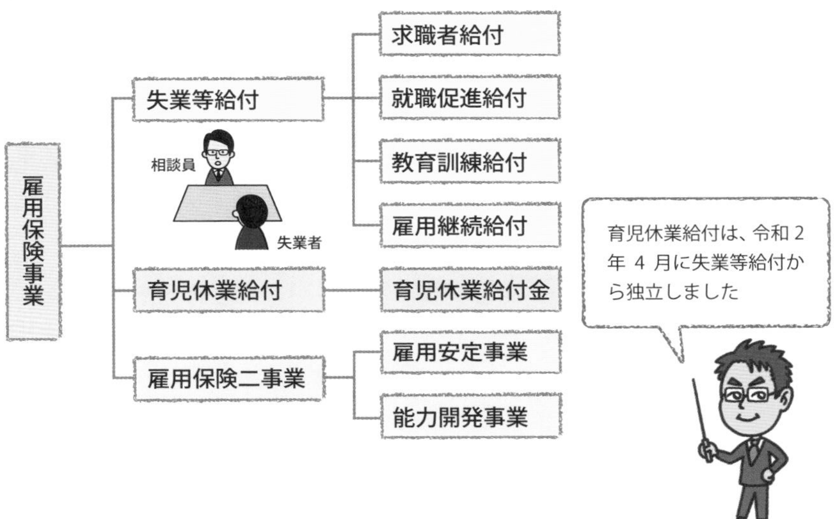

「求職者給付」の種類

被保険者の種類	受給資格者の名称	給付の種類
一般被保険者	受給資格者	基本手当
高年齢被保険者（65歳以上）	高年齢受給資格者	高年齢求職者給付金
短期雇用特例被保険者（季節労働者）	特例受給資格者	特例一時金
日雇労働被保険者（日雇労働者）	日雇受給資格者	日雇労働求職者給付金

離職の理由による「基本手当」の受給資格の違い

離職の理由	受給資格者の名称	必要な被保険者期間
正当な理由のない自己都合など	受給資格者	離職の日以前2年間に通算12カ月以上
会社都合の解雇、倒産など	特定受給資格者	離職の日以前1年間に通算6カ月以上
雇止め、正当な理由のある自己都合など	特定理由離職者	

重要度 ★★★

03 基本手当はどれくらいもらえる？

自己都合退職では、最低90日～最高150日分の基本手当の日額が支給されます

では、基本手当はいくらもらえるのでしょうか。離職日以前の6カ月間の賃金（賞与は除く）の総額を180で割った額を賃金日額とし、この賃金日額の50～80％の額が、基本手当の日額となります。ただし、年齢階層別の上限があるので、もっとも高い45歳以上65歳未満でも7,000円台後半の額が基本手当の日額の上限となります。離職時の賃金が高いからといって、基本手当の額が無制限に高くなるわけではありません。

また、基本手当を何日分もらえるか、その日数のことを所定給付日数といいます。所定給付日数は離職した者の離職理由と被保険者期間の長短によって確定します。

転職希望など、**正当な理由のない自己都合の場合では、年齢で一律、最低90日（被保険者期間10年未満）～最高150日（同20年以上）**です。

一方、会社の都合による解雇や倒産で特定受給資格者となった場合は、予期せぬ失業であるため、最低90日（被保険者期間1年未満・年齢一律）～最高330日（同20年以上・45歳以上60歳未満）が所定給付日数となります。

どうすれば基本手当をもらえるのか？

基本手当の支給を受けるためには、自分が住む地域の公共職業安定所（以下、職安）に出頭して、求職の申込みをしたうえで離職票を提出し、受給資格の決定を受ける必要があります。その後は、**4週間に1回のサイクルで職安に出頭して失業の認定を受けることで、支給を受ける**ことができます。

ただし、待期として最初の**7日間**は基本手当の対象とされません。また、離職の理由が自己の責（せめ）に帰すべき重大な理由による解雇や正当な理由（90ページ参照）のない自己都合の場合は、待期満了後、原則として**2カ月間**の給付制限がありますが、今後は撤廃の方向で検討が進められています。

「基本手当の日額」の計算方法

基本手当の日額 ＝ 賃金日額 × 50～80%※

※60～65歳は45～80%

賃金日額の計算方法

賃金日額 ＝ 離職の日以前６カ月の賃金総額（賞与を除く） ÷ 180

所定給付日数は？＊（令和５年７月現在）

【正当な理由のない自己都合の場合】

被保険者期間	10年未満	10年以上 20年未満	20年以上
支給日数	90日	120日	150日

【特定受給資格者の場合】

被保険者期間	1年未満（年齢一律）	20年以上（45歳以上60歳未満）
支給日数※	90日（最低）	330日（最高）

※実際には、年齢と被保険者期間によって、支給日数は細かく分けられている

【就職困難者（障害者など）の場合】

<table>
<tr><th>被保険者期間</th><th>1年未満</th><th>1年以上</th></tr>
<tr><td>45歳未満</td><td rowspan="2">150日</td><td>300日</td></tr>
<tr><td>45歳以上65歳未満</td><td>360日</td></tr>
</table>

自分が失業したと思って勉強するのがコツ！

支給までの手続きの流れ

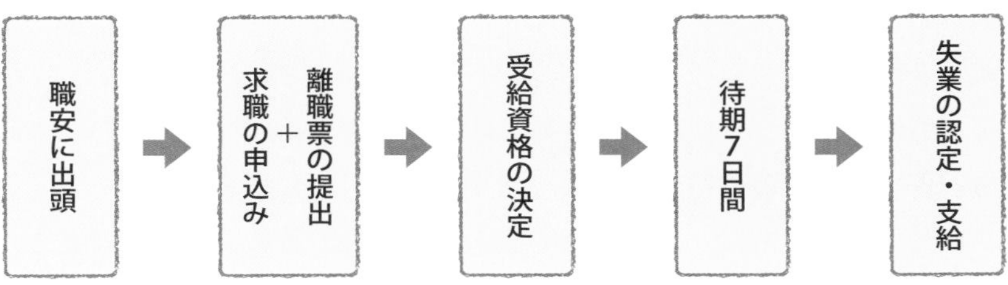

重要度 ★★★

基本手当以外の3つの求職者給付

高齢者や季節労働者、日雇労働者も雇用保険に加入できます

求職者給付には、基本手当のほかに、①高年齢求職者給付金、②特例一時金、③日雇労働求職者給付金があります。それぞれ見ていきましょう。

それぞれの支給額はどれくらい？

65歳以上の被保険者を高年齢被保険者といい、その者が失業して認定を受けた場合に支給される給付を①高年齢求職者給付金といいます。

高年齢求職者給付金は、**被保険者であった期間が1年未満の者で30日分、1年以上の者で50日分の一時金**となっています。65歳以上の求人は少なく、職安の援助だけでなく本人が積極的に求職活動をしたほうが合理的であることから、一時金として支給しているのです。

冬季の積雪などで一定の期間仕事ができず、出稼ぎなどの季節労働に就いている場合、短期雇用特例被保険者となることができます。その者が失業した際に支給されるのが②の特例一時金です。

特例一時金は、法令上は一律**30日（当分の間は40日）分の一時金**とされています。なお、特例一時金の支給対象者が職安の指示した職業訓練を受ける場合には、一般の受給資格者と同様に訓練期間中、基本手当の支給を受けることができます。

日々雇用される者や、30日以内の期間を定めて雇用される者のことを日雇労働者といいます。日雇労働者は職安に出頭して日雇労働被保険者となる手続きを行えば、日雇労働被保険者手帳を受け取ることができます。

日雇労働被保険者を使用した事業主は、賃金を支払うつど、その者の日雇労働被保険者手帳に雇用保険印紙を貼り付けて消印します。

日雇労働被保険者は、この**印紙保険料が2カ月で通算26日分以上**あれば、その翌月の失業について③の日雇労働求職者給付金を受けることができます。

「基本手当」以外の求職者給付の種類

被保険者の種類	必要な被保険者期間	給付の種類
高年齢被保険者 （65 歳以上の被保険者）	離職の日以前１年間で ６カ月以上	高年齢求職者給付金
短期雇用特例被保険者 （出稼ぎなどの季節労働者）	離職の日以前１年間で ６カ月以上	特例一時金
日雇労働被保険者 （日々、または 30 日以内の雇用者）	２カ月通算で 26日分以上（普通給付）	日雇労働求職者給付金

「被保険者の種類」と「必要な被保険者期間」は、社労士試験ではよく出題されます

日雇労働求職者給付金の支給の流れ

１カ月目　２カ月目　3カ月目（失業）

日雇労働被保険者手帳：通算して26日分以上の印紙保険料が貼付・消印されている

失業日に「日雇労働求職者給付金」を支給

ワンポイント

特例高年齢被保険者「マルチジョブホルダー制度」とは？

２つの事業所に雇用され、それぞれの事業所での週の労働時間が５時間以上20時間未満で、合計が20時間以上となる65歳以上の者は、個別の事業所では被保険者となりませんが、申し出により特例高年齢被保険者となることができます。

重要度 ★★★

05 就業促進手当とは?

**失業者に早期の再就職を促す
４つの手当です**

就職促進給付とは、その名の通り**就職を促進するためのもの**で、その中心的な役割を果たしているのが就業促進手当です。

就業促進手当には、①就業手当、②再就職手当、③就業促進定着手当、④常用就職支度手当の４つがあります。それぞれ見ていきましょう。

早期に再就職することで支給される

正社員の職が決まらず、とりあえず短期の仕事に就いたような場合は、①の就業手当の対象となります。登録型の派遣社員や、短期更新の契約社員となった場合などが該当します。就業手当は、仕事をした日について、今まで支給されていた基本手当の一部が支給されます。

失業後、早い段階で安定した職業に就いたため、所定給付日数を多く残している場合は、②の再就職手当の対象となります。

再就職手当は、基本手当の日額に所定給付日数の残日数を掛けた額の一定割合です。そのため、早期に再就職して所定給付日数の残りが多いほどその額が大きくなります。

一方、所定給付日数の残りが少なく再就職手当が支給されないケース（残日数が３分の１未満）でも、障害者など就職困難者には、④の常用就職支度手当が支給されます。

また、せっかく正社員として再就職したのに、当初の賃金が低く、生活に困るということもあります。そこで支給されるのが③の就業促進定着手当です。

就業促進定着手当は、再就職手当を受けて安定した職業に就いた者が、その就職先で６カ月間働いた結果、前の会社を辞めたときの給与水準より低下した場合に支給されます。

就業促進手当の種類

就業促進手当

- ① **就業手当**　短期の仕事に就いた場合に支給
- ② **再就職手当**　１年を超える安定した仕事に就いた場合に支給
  - ③ **就業促進定着手当**　再就職して賃金が低下した場合に支給
- ④ **常用就職支度手当**　障害者など、就職困難者に支給

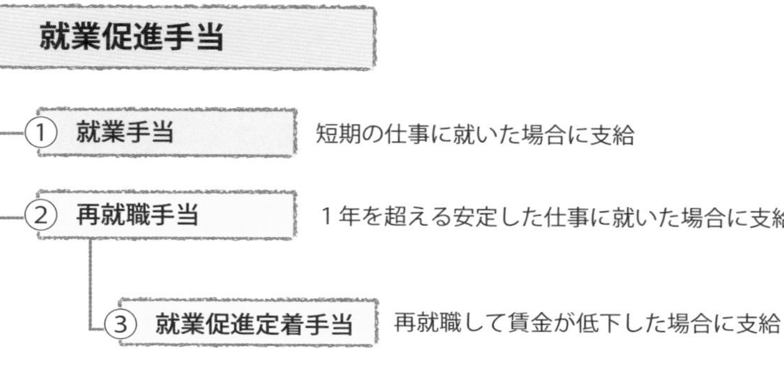

再就職した場合に支給される手当

失　業 → 基本手当を受けながら求職活動を実施

- **短期の契約社員で就職** → ① **就業手当**の支給
- **１年を超える正社員で就職** → ② **再就職手当**（一時金）の支給 →（**前職より賃金低下**）→ ③ **就業促進定着手当**の支給

②再就職手当の支給を受けて、再就職先で賃金が低下した場合、当初の６カ月間、その差額が③就業促進定着手当として支給されます

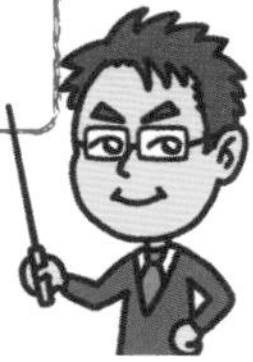

重要度 ★★★

06 教育訓練給付とは？

一般教育訓練給付金と特定一般教育訓練給付金、専門実践教育訓練給付金があります

労働者や失業者の教育訓練の受講費用を一定割合支給するのが教育訓練給付です。主に会社員のキャリアアップを目的にした講座の受講料を補助する一般教育訓練給付金、その中でもとくに就職の実現・キャリアアップの効果が高い講座については特定一般教育訓練給付金、実践的な専門資格を目指す際に給付される専門実践教育訓練給付金があります。

一般教育訓練給付金と特定一般教育訓練給付金

会社員のＡさん（受給資格者としての要件を満たしている）が、ある資格に興味を持って通信講座を受講したとします。それが教育訓練給付金対象講座である場合は、**支払った入学金や１年分の受講料、受講開始前１年以内に受けたキャリアコンサルティング費用の一定割合を後から受け取る**ことができます。ただし、出席率や課題提出などの要件があり、途中でやめれば給付は受けられません。なお、受講した講座が特定一般教育訓練給付金対象講座の場合は、給付を受けることができる割合と上限額が高くなります。

申請は、住所地の職安で受給者自身が行うため、自分が何を勉強しているかを会社に知られる心配はありません。

専門実践教育訓練給付金とは？

Ｂさん（受給資格者としての要件を満たしている）は、会社を退職して１年以内に歯科衛生士の専門実践教育訓練指定校である専門学校に通うことにしました。この場合、Ｂさんが受講開始の１カ月前までに職安で受給資格の確認を受けたなら、その後**６カ月を１サイクルとして、最長３年（管理栄養士などは４年）まで、かかった費用の一定割合の給付**を受けることができます。

「一般教育訓練給付金」「特定一般教育訓練給付金」の支給の流れ

対象　雇用保険の被保険者（短期・日雇を除く）、および退職後一定期間内の者

社労士・行政書士・簿記・宅建士などの合格を目指す

特定一般の場合は受講開始の１カ月前までに、職安で受給資格の確認を受ける

→ 厚生労働大臣の指定する教育訓練を受講して修了

修了後1カ月以内に支給を申請

「専門実践教育訓練給付金」の支給の流れ

対象　主に雇用保険の被保険者（短期・日雇を除く）であった者で、退職後1年以内に専門実践教育訓練の受講を開始した者

受講開始１カ月前までに、職安で受給資格の確認を受ける → 受講開始から６カ月ごとに支給申請手続きをする → 資格を取得して就職できた場合は、追加支給あり

ワンポイント

教育訓練の目的によって使い分け

会社員としてキャリアアップを目指すなら一般教育訓練給付金か特定一般教育訓練給付金、歯科衛生士・看護師などの専門的な資格なら専門実践教育訓練給付金が利用しやすいでしょう。

重要度 ★★★

07 雇用継続給付と育児休業給付とは？

高年齢の社員と介護に対応した雇用継続給付、独立した育児休業給付があります

社員の雇用を継続する給付として、①高年齢雇用継続給付、②介護休業給付、③育児休業給付があります。このうち、①と②は雇用継続給付として行われ、③は独立した給付として行われます（91 ページ参照）。

①の高年齢雇用継続給付（高年齢雇用継続基本給付金と高年齢再就職給付金）は、60 歳以上 65 歳未満の間に支払われた賃金が 60 歳到達時の賃金水準の 75％未満となった月を対象に支給されます。給付額は最高で、その月の賃金の 15％（61％未満に低下した場合）です。

国がこの給付金を支給する理由はズバリ、**65 歳までは何としてでも働き続けてほしい**からです。

介護休業および育児休業期間中の給付

介護休業期間中に支給されるのが、②の介護休業給付（介護休業給付金）です。介護休業は対象家族（配偶者、父母、子、祖父母、兄弟姉妹、孫、および配偶者の父母）1 人につき、分割の場合は 3 回、合計 93 日まで取得できます。連続して取得できる期間は最長 3 カ月です。この期間は介護をするためというより、介護に必要な体制を整えるための期間といえます。介護休業給付金の支給率は賃金の 67％となっています（令和 5 年 7 月現在）。

育児休業期間中に支給されるのが、③の育児休業給付（育児休業給付金）です。育児休業は原則として産前産後の休業期間終了後、子が 1 歳に達するまでとされていますが、保育所入所待ちの場合は最長で子が 2 歳に達するまで延長できます。育児休業給付金の支給率は、育児休業開始後の休業日数が通算 180 日までは賃金の 67％、181 日目以降は同 50％となっています（令和 5 年 7 月現在）。なお、厚生労働省の「雇用均等基本調査」（令和 3 年度）によれば、出産した女性社員の 9 割弱が育児休業を取得しています。

「高年齢雇用継続給付」の仕組み

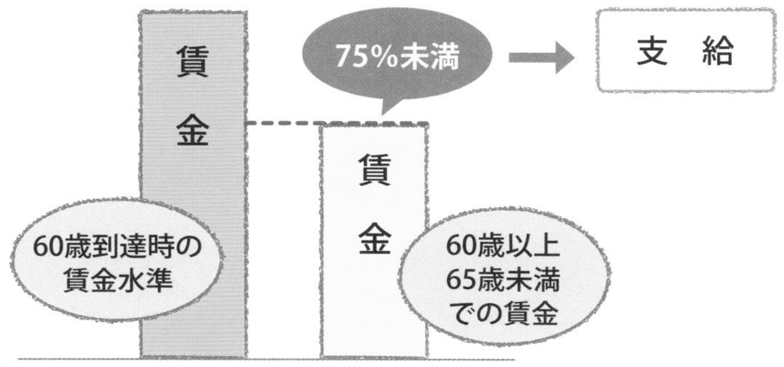

「介護休業給付」の仕組み

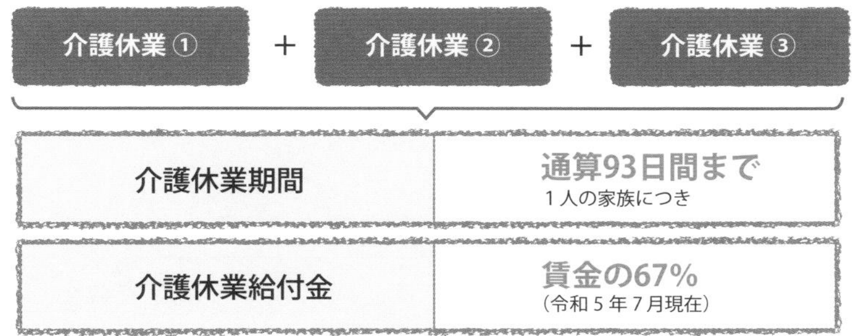

介護休業期間	通算93日間まで １人の家族につき
介護休業給付金	賃金の67% （令和５年７月現在）

「育児休業給付」の支給額（令和５年７月現在）

育児休業開始から通算180日まで	賃金の67%
181日目以降	賃金の50%

高年齢雇用継続給付は、令和7年以降、段階的に廃止の方針となっています！

重要度 ★☆☆

08 雇用保険二事業とは？

「雇用安定事業」と「能力開発事業」の
２つの事業からなります

雇用保険事業には、これまで見てきた失業等給付と育児休業給付のほかに、もう１つ雇用保険二事業があります。これは、**失業の予防や雇用機会の増大、労働者の能力開発などのための雇用対策**であり、①雇用安定事業と②能力開発事業とに分かれています。

どちらも、事業主に対する助成金の支給が主要事業となっています。助成金とは、事業主などに対して支給される返済義務のないお金です。雇用関連の助成金の申請は社労士の専業特化業務であり、他の士業は参入できないため、この分野を突破口に業績を伸ばす社労士も多くいます。

「雇用安定事業」での定番の助成金とは？

①の雇用安定事業で実施されている助成金の１つに雇用調整助成金があります。これは、業績の悪化した企業が従業員を解雇せず、一時的に休業させて休業手当を支払う場合に、その一部を助成する制度です。

また、助成金は事前の計画や申請方法に独自のルールがあり手間がかかりますが、比較的楽なものに特定求職者雇用開発助成金があります。これは、高齢者や障害者、母子家庭の母親などを、職安の紹介で継続雇用を前提に雇用すると、１年で最高 60 万円程度の賃金助成が支給されるというものです。

②の能力開発事業には、助成金の支給のほかに、技能検定の実施や職業能力開発総合大学校（通称ポリテクニックユニバーシティ）や職業能力開発大学校（通称ポリテクカレッジ）の運営などがあります。

技能検定は技術者に評価検定を実施するもので、合格者には特級、１～３級までの合格証書が交付され、「技能士」の称号が与付されます。

職業能力開発総合大学校は、ものづくりの技術者の養成を目的に独立行政法人高齢・障害・求職者雇用支援機構が全国で運営を行っています。

雇用保険の「雇用保険二事業」について

雇用保険二事業	事業内容
雇用安定事業	**助成金の支給**
	・雇用調整助成金 …リストラ防止 ・特定求職者雇用開発助成金 …高齢者、障害者などの雇用促進 ・トライアル雇用助成金 …未経験者の雇用促進
	中高年齢者などの求職者に対する再就職支援
	・専門相談員によるきめ細かい就職相談・職業紹介など
	若者や子育て女性に対する就労支援
	・ジョブカフェでの職業紹介・情報提供 ・マザーズハローワークでの職業紹介・情報提供
能力開発事業	**助成金の支給**
	・人材育成系の助成金の支給
	技能検定の実施
	・学科試験と実技試験の実施 ・合格者を認定し、「技能士」の称号を付与
	職業能力開発大学校(ポリテクカレッジ)などの運営
	・高校卒業者を対象に、ものづくりの基本を習得できる場を提供 ・製造現場での最新の技能・技術に対応できる人材の養成
	都道府県の職業訓練校への経費補助

雇用保険二事業は、各「事業名」と、
おおよその「内容」を見ておきましょう！

ワンポイント

雇用保険二事業の助成金の分野は大きく３つ

助成金の分野には大きく、①雇用維持系、②教育訓練系、③新規事業参入系の３つがあります。

スキルと慎重さが必要な「助成金」業務

助成金とは、企業に対する返済義務のない補助金です。簡単にいえば、「タダでお金がもらえる」ということ。「だったら、うちの会社もほしい」と誰だって思いますよね。

助成金の額は種類によって異なりますが、「制度導入」の助成金の場合は1回約50万円、かかった経費に対する割合を助成する「経費助成」では最高額の1,000万円を受けている会社も珍しくありません。

制度導入の助成金とは、「従業員のためになる制度を就業規則で導入して、それを実際に実施した」場合に、申請すれば助成金が支給される、というものです。制度導入の助成金にはいくつかのコースがあり、それらを組み合わせると100万円を超える助成金を受け取ることも可能です。

企業がこうした助成金を得るためのお手伝いをするのも、社労士の業務の1つです。たとえば、制度導入の助成金を得るには、事前に計画書を出して労働局の認定を受け、就業規則を整備する必要があります。さらに賃金台帳やタイムカードを整備し、厳格な審査に通るようにしておかなければなりません。制度実施後、その支給申請の際にも書類の作成が必要です。

提出する書類はその内容が問われるので、就業規則が最新の改正を反映しているか、残業代が時間通りに支払われているか、社会保険の適用漏れはないかなどをしっかりチェックしなければなりません。

助成金はちょっとしたことで不支給となることが多く、そのことをクライアントの会社に事前に伝えておくことも重要です。それを怠るとクライアントとのトラブルになりかねません。実際、社労士業務中でもっともトラブルになるのは、この助成金関連のものです。さらに、もしも書類の不備をごまかすなど社労士が不正受給に関わった場合には、失格処分などの懲戒処分を受けることにもなるので、慎重さが必要です。

第5章

労働保険の保険料の徴収等に関する法律
（労働保険徴収法）

勉強のコツ！

この法律は、社労士実務の基本です。
全体的な理解度を高め、
主要な届出期限は暗記するようにしましょう。

重要度 ★★★

労働保険徴収法とは？

労働保険料の申告・納付の
「手続きマニュアル」ともいえる法律です

労働保険徴収法（以下、徴収法）とは、労災保険と雇用保険（両方をあわせて労働保険といいます）について、その保険料や納付方法などを規定した法律です。つまり、**労働保険料の申告・納付の「手続きマニュアル」**のような法律です。

ちなみに、労働保険料の申告・納付は社労士のコア業務なので、社労士は徴収法をよく勉強し、実務で使えるレベルにしておく必要があります。実際に、社労士の仕事を始めると、実務をこなすうえで徴収法のありがたさが身にしみます。

保険関係が成立するのはいつ？

労災保険も雇用保険も、会社を設立して人を雇ったら、10日以内に保険関係成立届を労働基準監督署または職安に提出します。

ただし、両保険とも保険関係が成立するのは、労働者を雇った「その日」です。なので、従業員がケガをしたのが届出前だとしても、保険の対象となります。

「継続事業」と「有期事業」

会社などの今後も続いていく事業を継続事業、道路工事やビル建設の現場など、期間が決まっている事業を有期事業といいます。

継続事業では、労災保険と雇用保険の保険料は1つの申告書で同時に計算し、保険料も一緒に納付します。これを一元適用事業といいます。

有期事業では、労災保険については建設現場などの現場単位での適用になりますが、雇用保険は所属会社で加入します。そのため、労災保険料と雇用保険料は別申告となります。このような事業を二元適用事業といいます。

「継続事業」と「有期事業」とは

継続事業　会社や商店など、仕事が「継続」していく事業のこと

継続事業は、労災保険と雇用保険を
同じ申告用紙で、一元的に行うのが原則

労災保険
雇用保険

一緒に申告・納付

一元適用事業

有期事業　建設工事現場など、「期間」で終了する事業のこと

有期事業は、労災保険と雇用保険を
別々に申告・納付する

労災保険  「現場」単位で適用

雇用保険  所属会社で加入

二元適用事業

社労士試験では、
よく「二元適用事業」
が出題されます！

二元適用事業の種類	①都道府県（に準ずるもの）、および市町村（に準ずるもの）の行う事業 ②６大港湾において港湾運送の行為を行う事業 ③農林業・畜産業・養蚕業、または水産業（船員を雇用する事業を除く） ④建設の事業

重要度 ★★★

02 労働保険料はいつ申告・納付する？

継続事業と有期事業とでは、労働保険料の申告・納付の時期が異なります

継続事業の**労働保険料の申告・納付は、年度単位で毎年６月１日から７月１０日までの間に行う**ことになっています（年度更新）。

会社は年度の初めに概算保険料を先払いして、その年度が終わったら確定保険料を算出します。概算保険料と確定保険料を比べて、足りない場合は追加で支払い、あまった場合は還付か次年度の概算保険料に充てます。

建設現場などの有期事業では、工事の開始時に概算保険料を申告・納付して、終わったら確定保険料を算出して、そこで差し引きします。

労働保険料の計算方法は？

継続事業において、保険年度が終わったら算出する確定保険料は、その年度に従業員に支給された賃金（給与と賞与）の全額（賃金総額）に、一般保険料率（労災保険率＋雇用保険率）を掛け算した額です。ただし、パートタイマーなどがいて、労災保険と雇用保険の対象となる労働者の範囲が違う場合は、別々に計算します。

一方、概算保険料の算出には、賃金総額の見込額を使いますが、通常、前年の確定保険料の基となった額をそのまま記載すればOKです。

建設現場など有期事業の確定保険料については、工事の期間中、現場の労働者に支払われた賃金総額に、労災保険率を掛け算した額が保険料となります。概算保険料については、賃金総額の見込額に、労災保険率を掛け算します。

大規模な現場では、下請業者が多く参加します。そうした場合、元請会社が、下請業者全部の保険料を代表して申告・納付します。これを請負事業の一括といいます。

「継続事業」の労働保険料の申告・納付

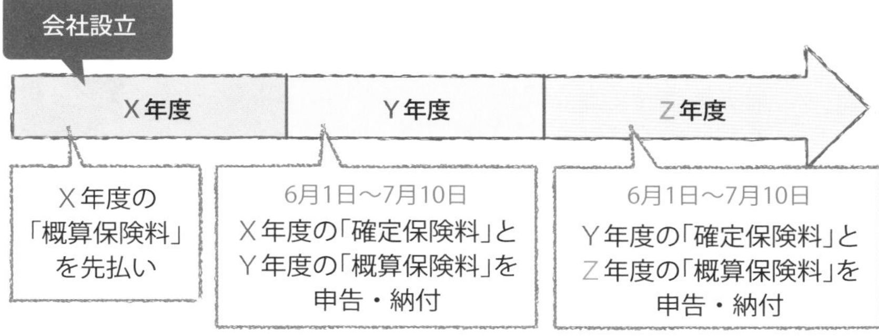

労働保険料の計算方法*（その他各種事業の場合／令和5年度より）

【例】従業員４人（うちパートタイマー１人）の小売業の場合

- 労災保険の適用となる者の１年度間の賃金総額：1,000万円
- 雇用保険の適用となる者の１年度間の賃金総額：800万円
- 労災保険率：1,000分の３
- 雇用保険率：1,000分の15.5（令和4年度までは13.5）

労災保険料	$1{,}000\text{万円} \times \frac{3}{1{,}000} = 3\text{万円}$
雇用保険料	$800\text{万円} \times \frac{15.5}{1{,}000} = 12\text{万}4{,}000\text{円}$

労働保険料の合計：15万4,000円

「有期事業」の労働保険料の申告・納付（建設現場の例）

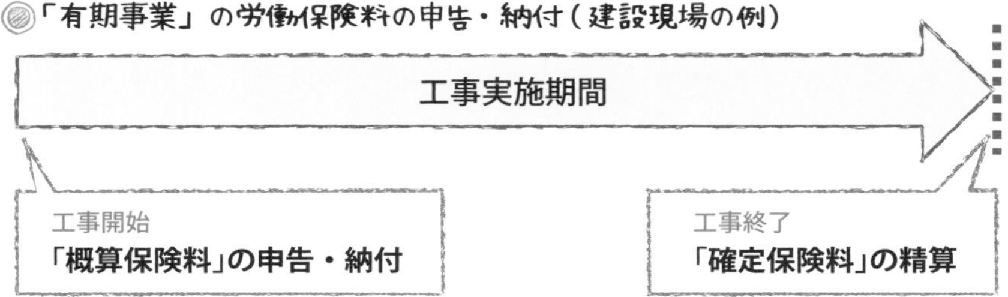

重要度 ★★★

労災保険の「メリット制度」とは？

労働災害が少ないほど労災保険料が安くなる制度です

労災保険にはメリット制度があります。

これは、労災保険の無事故割引制度で、納付した労災保険料に対して支払われた保険給付額が少ない会社は、労災保険料が安くなり、逆に事故が多くて保険給付額が多い会社は、保険料が高くなります。

自動車保険（任意保険）の無事故割引制度にかなり似ていますよね。ただし、事業規模や災害度係数により適用されない事業所もあります。

保険給付の多い・少ないで、「労災保険率」が変化する

継続事業では、連続する３保険年度中の保険料に対する保険給付の割合（収支率）が、85％を超えた場合、翌々年度の**「労災保険率」が引き上げられます**。逆に、75％以下となった場合は、**その率が引き下げられます**。

この引上げ・引下げ幅は、最高で40％です。ただし、メリット制度の特例といって、中小企業者が３保険年度中のどこかで、安全また衛生を確保するための措置を行って申告した場合は、45％の幅となります。

なお、収支率の対象となる保険給付には、通勤災害や海外派遣者の特別加入に対するものは含まれません。通勤災害や海外派遣先での事故は、その事業場での安全対策とは直接関連性がないためです。

有期事業では、請負金額が１億1,000万円以上、または確定保険料40万円以上の大規模な建設現場などが、メリット制度の対象となります。

有期事業では、工事が始まったら概算保険料を先払いし、工事が終了したら確定保険料の精算をしますが、終了してから３カ月（その後も保険給付が行われた場合は、終了後９カ月）を経過した時点で、収支率を算定します。85％を超えた場合は保険料を追加徴収し、75％以下となった場合は、その差額を還付することになります。

継続事業の「メリット制度」とは？

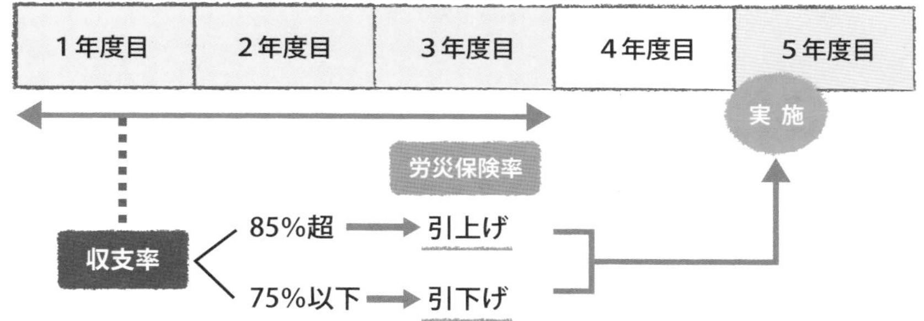

有期事業の「メリット制度」とは？

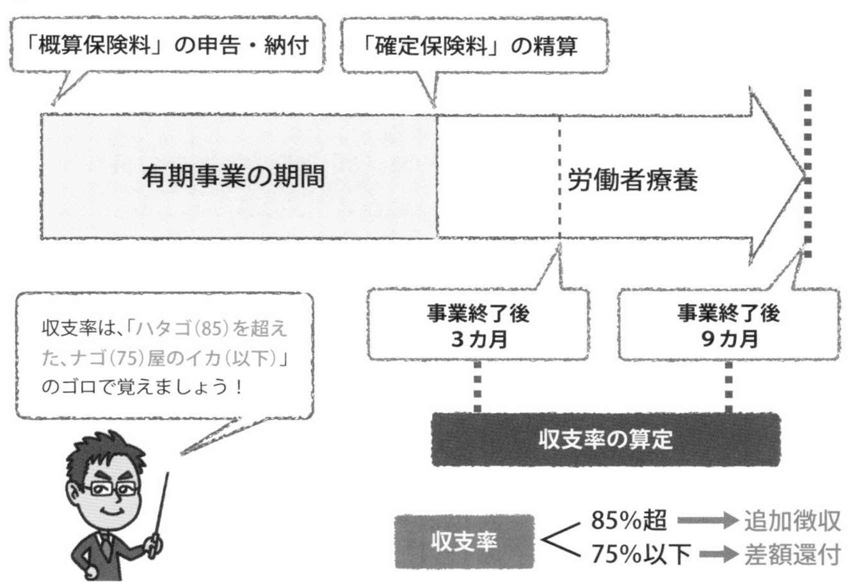

ワンポイント

メリット制度の収支率の計算から除くものとは？

長期の療養が必要となる「特定疾病」、事業主の安全対策とは無関係な「通勤災害」、予防給付である「二次健康診断等給付」、海外派遣者の「特別加入」は、メリット制度の収支率の計算から除かれます。

重要度 ★★☆

印紙保険料とは？

日雇労働被保険者のための
雇用保険制度です

日雇労働被保険者が失業した際に、雇用保険の給付（普通給付）を受けるためには、離職日の属する月前２カ月間で自分が持っている日雇労働被保険者手帳（以下、日雇手帳）に通算26日分以上の雇用保険印紙が貼られ、それに消印されていることが必要です（94ページ参照）。

スタンプラリーのように、**雇用保険印紙を貼って消印してもらうことで、保険料を納付**したことになるのです（印紙保険料）。

その具体的な流れですが、日雇労働被保険者を雇用する事業主は、日雇手帳に貼る雇用保険印紙を購入するために、まず職安に出向き、持参した印鑑の印影を登録し、雇用保険印紙購入通帳を交付してもらいます。

そこについている購入申込書に所定の事項を記入して、雇用保険印紙を日本郵便株式会社の営業所で購入します。

日雇労働被保険者は、働く日ごとに、雇用された会社に日雇手帳を出します。会社はその手帳に、「賃金を支払うつど」、雇用保険印紙を貼り付け、登録した印鑑で消印します（**「賃金を支払うつど」が社労士試験での重要ポイント**です）。

使用した雇用保険印紙の枚数は、毎月、国に報告

雇用保険印紙は、それ自体が保険料となるので厳格な管理が求められます。

使用した印紙の枚数は、毎月集計し、その翌月の末日までに国（所轄の職安）に報告します。その月に日雇労働被保険者を１人も使用しなかったとしても報告が必要です。

また、事業主以外は「何人も消印を受けない雇用保険印紙を所持してはならない」とされ、雇用保険印紙の私的な譲渡は一切禁止されています。

「印紙保険料」の納付・給付の流れ

日雇労働被保険者

1 働く日ごとに、雇用された会社に日雇手帳を提出する

2 離職日の属する月前２カ月間で、雇用保険印紙が通算26枚以上貼られていると、日雇労働求職者給付金を受け取れる（普通給付）。
なお、日雇労働被保険者の失業の認定は、日々その日について行われ、認定を受けた者には、その日分の日雇労働求職者給付金が支給される

日雇労働被保険者を雇用する事業主

1 職安に印鑑の印影を登録して、雇用保険印紙購入通帳の交付を受ける

2 通帳についている購入申込書に記入して、日本郵便株式会社の営業所で雇用保険印紙を購入

3 日雇労働被保険者が提出した日雇手帳に、賃金を支払うつど、雇用保険印紙を貼り、消印する

印紙保険料は、雇用保険の日雇労働求職者給付金（94～95ページ参照）と、一緒に勉強するのが効率的です！

重要度 ★★☆

特例納付保険料とは？

保険関係成立届を
出していない事業主が対象です

賃金から雇用保険料が控除されていたので、てっきり自分は雇用保険の被保険者になっていると思っていた従業員が､会社を退職したときに職安で｢あなたは、被保険者になっていないよ」と告げられることがあります。

原因としては、入社の際に、会社が資格取得の手続きを忘れていたことが考えられます。

この場合、その従業員の加入期間については、①**２年前の日までは無条件にさかのぼる**ことができ、②**２年より前の期間は、給与明細などで雇用保険料の控除が確認できるところまでさかのぼる**ことができます。

雇用保険では、この「2年より前の期間までさかのぼれる被保険者」を**特例対象者**として、このような形で保護しているのです。雇用される側としては、給与明細は何かと証拠になることが多いので、取っておいたほうがいいのかもしれませんね。

手続きを怠っていた期間の保険料はどうなる？

未加入だった期間の保険料を事業主が納付していなかった場合、その事業主はさかのぼって2年分の保険料を修正申告する必要があります。2年より前の保険料については、会社が**保険関係成立届**（106ページ参照）を提出していない場合に限り、都道府県労働局長（実際は職安の職員）が、事業主に対して**納付勧奨**（自主的な納付をすすめること）を行います。

この納付勧奨が行われる保険料のことを**特例納付保険料**といいます。その額は滞納分の保険料に、**ペナルティーとして10%の加算額**がつきます。なお、特例納付保険料を事業主が払うことは「義務」となっていません。これは、「時効」の考え方を優先しているためです。なので、行政は事業主に対し自主的な納付を勧奨しているのです。

「特例対象者」の加入期間はどこまでさかのぼれる？

雇用保険の「特例対象者」とは…

雇用保険の保険料が
控除されていたのに
被保険者となっていなかった者

被保険者ではないことを確認

被保険者とされていた期間

← 2年より前	2年間

給与明細などで「雇用保険料の控除の事実が証明できるところ」までさかのぼれる

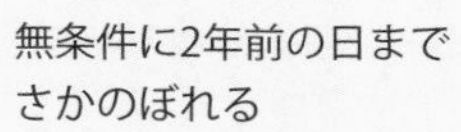

給与明細は、「控除の事実」になります！

事業主に対して行われる「納付勧奨」とは？

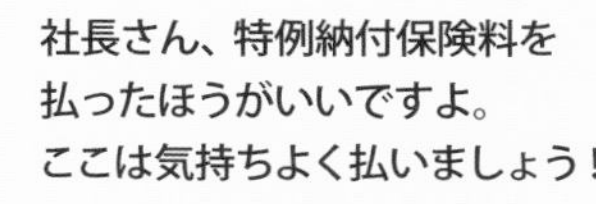

まあ、そうなんですが、いろいろと事情がありまして……。
あの～、その～

事業主に自主的な納付をすすめる

職安職員

プレッシャー

納付勧奨

事業主

重要度 ★★☆

労働保険料の申告・納付を怠るとどうなる？

延滞金や、追徴金の支払いを求められることもあります

労災保険料は全額を事業主が負担します。その理由は、業務災害の補償は労基法によって事業主が行うこととされているからです。

それに対して、雇用保険料は、事業主に支給する助成金などを賄うための**二事業率部分**（雇用保険料の中で「雇用保険二事業」に関わる部分）の保険料を除いて、労使折半負担となっています（右ページ参照）。

保険料を滞納した場合の延滞金は遅延利息

保険料を納付する義務は事業主にあります。

事業主は毎年6月1日から7月10日までの間に、前年度の確定保険料と当年度の前払いとなる概算保険料を申告し、必要な保険料を納付しなければならないと先述しました（108ページ参照）。

では、そこで納付しないとどうなるかというと、国（労働局）から**督促状**が送られてきます。その督促状には「○月○日までに払わないと『**延滞金**』という遅延利息がつきますが、いいですか」といったことが書かれています。そして、督促状に指定された期限までに納付すれば延滞金はつきません。

では、事業主が労働保険料の納付どころか、申告さえも怠っている場合はどうなるのでしょうか。

国はその事業主の労働保険料を決定して、支払うよう通知してきます。この決定を**認定決定**といいます。この認定決定を受けた保険料が確定保険料または印紙保険料の場合、**追徴金**が加算されます。

追徴金は、確定保険料では10％、印紙保険料では25％とされています。この追徴金は、「知らなかった」とか「営業不振でお金がなかった」と泣きついたところで許してもらえません。ただし、天災などのやむを得ない事情がある場合は許されます。

◎雇用保険料の負担割合*（一般の事業所の場合／令和５年度より）

	二事業率	二事業率以外	合　計
事業主	1,000分の3.5	1,000分の6	1,000分の9.5
被保険者	な　し	1,000分の6	1,000分の6
合　計	1,000分の3.5	1,000分の12	1,000分の15.5

◎保険料を滞納した場合

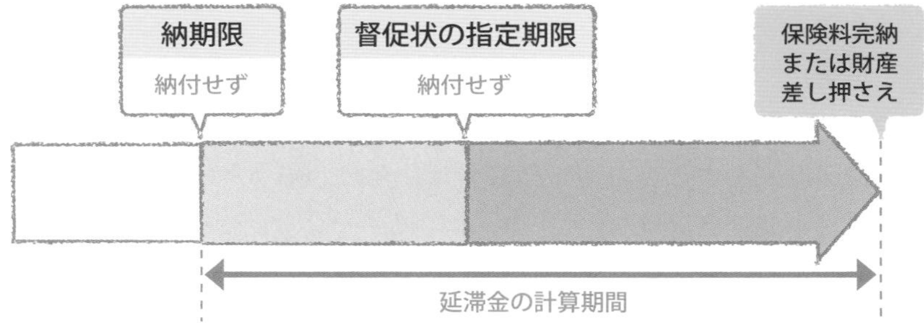

◎「追徴金」徴収の流れ

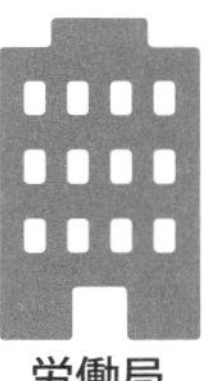

ワンポイント

概算保険料では「追徴金」の徴収はなし？

概算保険料を申告・納付せずに認定決定が行われても、追徴金は徴収されません。一方、確定保険料が認定決定された場合は、追徴金が徴収されます。

重要度 ★★★

07 労働保険事務組合ができること・できないこと

処理できない事務は、「印紙」「給付」「二事業」です

労働保険料の申告・納付や雇用保険の資格の取得・喪失を、構成員である中小事業主に代わって行うのが、**労働保険事務組合**（以下、事務組合）です。事務組合の納付状況が優良である場合は、国から**報奨金**が交付されます。

中小事業主が労災保険に特別加入する場合（82 ページ参照）は、事務組合に労働保険事務を委託しなければならないという要件があります。

この中小事業主の特別加入を、徴収法では**第 1 種特別加入**といいます。第 1 種特別加入をすることができるのは、常時 300 人（金融業・保険業・不動産業・小売業は常時 50 人、卸売業・サービス業は常時 100 人）以下の労働者を使用する中小事業主と決まっています。

事務組合が処理できない事務には、①**日雇労働被保険者の印紙保険料に関する事務**、②**労災保険などの保険給付に関する事務**、③**助成金などの雇用保険二事業に関する事務**があります（ここは社労士試験でよく出題されます）。

事業主は徴収法に関する審査請求ができる

労働保険料の徴収に関して納得がいかないことがある場合、事業主は**行政不服審査法**に基づいて厚生労働大臣に対し**審査請求**をすることができます。

行政不服審査法とは、行政側の対応で国民が不利益を受けたときに、国民が請求し、その審査を行うことを定めた法律です。簡単にいえば、国民の「クレーム処理センター」を定めたようなものです。

たとえば、天災などのやむを得ない事由があるにもかかわらず、追徴金や延滞金が課されるなど不利益があった場合、事業主は厚生労働大臣に対して、審査請求をすることができます。

労働保険事務組合の役割

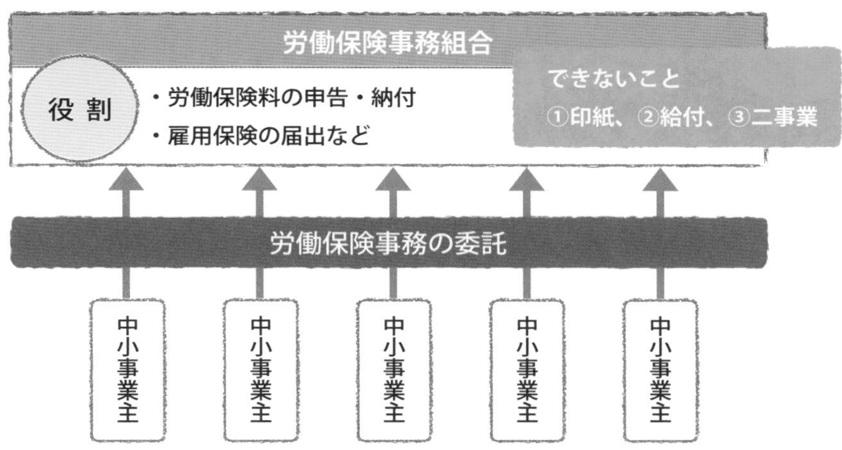

第1種特別加入ができる会社の人数要件

金融業、保険業、不動産業、小売業	常時50人以下
卸売業、サービス業	常時100人以下
上記以外の事業所	常時300人以下

この人数要件は、社労士試験の対策上、覚えておく必要があります！

徴収法の処分に不服がある場合

厚生労働大臣

↑ 審査請求（行政不服審査法）

処分を受けた事業主

ワンポイント

労働保険事務組合と社労士資格

事務組合の業務は、労働保険に関する事務手続きを行うことから社労士の業務と重複する部分が多くあります。そのため、社労士が事務組合に就職するケースも多くあります。

社労士にとっての「給与計算」業務とは？

社労士事務所には、顧問先の給与計算を行っている事務所と行っていない事務所があります。給与計算は月々の勤怠管理やタイムカードの集計など、かなり手間のかかる仕事ですが、それなりのメリットもあります。

中でもいちばん大きなメリットは、「顧問契約が落ちないこと」です。

給与計算は、社会保険料から税務まで幅広い知識が必要となります。実際の計算は給与計算ソフトが行ってくれますが、それでも毎年変わる健康保険や介護保険、雇用保険の保険料率の改定などに気づかないと、後から従業員にこれら保険料の追徴をお願いする事態にもなりかねません。そのため、会社としても専門家に任せることが多いのです。

「給与計算は面倒なのでやらない」という社労士事務所もあります。ただ、業務としてやらなくとも、やり方をレクチャーできるようになっておくことは必要だと思います。

社労士が日常的に業務でおつき合いしているのは、顧問先の人事や総務担当者、給与計算をしている社員です。その人たちから信頼され必要とされるためには、給与計算の知識があったほうがいいのです。

給与は、人の体にたとえれば「血液」です。不足していると、従業員は「貧血状態」となってしまいます。水準が高すぎると「高血圧」となり、会社は収支のバランスを崩してフラフラになってしまいます。それゆえ、必要なところに適切な分量が、バランスよく送られていることが重要なのです。

顧問社労士は会社の「かかりつけの専門医」ですから、給与の流れを見ておくことも必要です。実務の現場では、給与などに関連して、社労士と税理士が協力することも多くあります。私自身、複数の税理士と懇意にしています。お互いの足りないところを補っていくうえでも、社労士と税理士はベストな組み合わせだと思います。

第6章

労務管理その他の労働に関する一般常識

勉強のコツ！

出題が予想される労働契約法を
しっかりマスターしておきましょう。
最新の「労働統計」や「白書」にも
目を通すことを忘れずに！

重要度 ★★★

01 労働契約法の目的とは？

労働者の保護と個別の労働関係の安定をサポートすることです

労働契約法（以下、労契法）は平成20年3月に施行された比較的新しい法律です。労契法1条は、「労働契約が合意により成立し、又は変更されるという合意の原則」を定め、**労働者の保護と個別の労働関係の安定をサポート**することを目的としています。労契法は民事（個人や法人間）の法律なので、罰金刑や懲役刑の規定はなく、労働基準監督署による取締りもありません。

労働契約の「基本５原則」とは？

労契法は、労働契約（25ページ参照）の基本５原則を規定しています（労契法３条）。具体的には、①労使対等の原則、②均衡考慮の原則、③仕事と生活の調和の原則、④信義誠実の原則、⑤権利濫用の禁止の原則の５つです。

①の労使対等の原則は、「労働契約は労使が対等の立場で決めようね」という原則で、立場が強くなりがちな使用者をけん制するものです。

②の均衡考慮の原則は、「パートタイマーなど、立場の違う従業員の待遇は、まわりの社員とのバランスを考えてね」という原則です。

③の仕事と生活の調和の原則は、「労働条件はワーク・ライフ・バランスも考えて決めてね」という原則です。

④の信義誠実の原則は、「労使は、お互いの信頼を裏切らないよう、誠実に行動しなければダメだよ」という原則です。

⑤の権利濫用の禁止の原則は、「労使とも、さまざまな権利が認められているけど、それをむやみに使ってはいけないぞ」という原則です。

また、労契法５条では、「使用者は、労働契約に伴い、労働者がその生命、身体等の安全を確保しつつ労働することができるよう、必要な配慮をするものとする」と規定し、労働契約での使用者の安全配慮義務が明文化されています。

「労契法」の目的とは？

労働者　使用者

「労契法」の目的

合意の原則

- 労働者の保護
- 個別の労働関係の安定をサポート

労働契約の「基本５原則」とは？（労契法３条）

① 労使対等の原則	労働契約は、労働者と使用者の**対等の立場**での合意によって結ばれ、または変更される
② 均衡考慮の原則	労働契約は、労働者それぞれの**就業の実態に合わせて均衡を考慮**しつつ結ばれ、また変更される
③ 仕事と生活の調和の原則	労働契約は、労働者と使用者が、**仕事と生活の調和**にも配慮して、結ばれ、または変更される
④ 信義誠実の原則	労働者と使用者は、**信義に従って、誠実に**権利を行使し義務を履行しなければならない
⑤ 権利濫用の禁止の原則	労働者と使用者は、**お互いの権利を濫用**してはいけない

労働契約の「基本5原則」は、
社労士試験の超重要事項です！

ワンポイント

「安全配慮義務」はケース・バイ・ケースで

労契法5条で、使用者には労働者が安全に働けるように配慮する義務があるとされていますが、この場合の「配慮」とは一律に定まるものではありません。職場それぞれでの労働者の個別の状況に合わせて、必要な配慮をしていくということです。

重要度 ★★★

無期転換ルールとは？

条件を満たせば、「期間の定めのない労働者」になれるルールです

労契法18条1項には、「同一の使用者との間で締結された2以上の有期労働契約（中略）の契約期間を通算した期間（中略）が5年を超える労働者が、（中略）期間の定めのない労働契約の締結の申込みをしたときは、使用者は当該申込みを承諾したものとみなす」と規定されています。

つまり、**一度でも契約を更新**したことがあり、**5年を超える有期労働契約（期間の定めのある労働契約）の社員**（派遣労働者も含む）が会社に申し出たら、その社員は**期間の定めのない（無期）社員**になるということです。

これがいわゆる**無期転換ルール**です。このルールは平成25年4月1日から施行されたので、施行後初めて5年を超える労働者が出たのは、平成30年4月1日以降のことです。

なお、有期労働契約が終了して、同じ会社との次の契約期間が始まるまでの間が原則6カ月以上となった場合は、前後の期間は通算されずにリセットされます。この期間のことを**クーリング期間**といいます。

無期転換ルールの２つの例外

無期転換ルールの例外として扱うことができるケースには、2つあり、**有期雇用特別措置法**で定められています。

1つは専門的知識などを持つ有期労働者で、年間の賃金が1,075万円以上の者が、5年を超えるプロジェクト業務などに就く場合です。「専門的知識など」には、公認会計士、医師、税理士、社労士などの専門的な知識、技術、経験などが含まれています。

もう1つは、60歳以上の定年退職者が継続雇用される場合です。

いずれの場合も当然のこととして例外が認められるわけではなく、一定の計画を厚生労働大臣に提出して認定を受ける必要があります。

労契法の「無期転換ルール」とは？

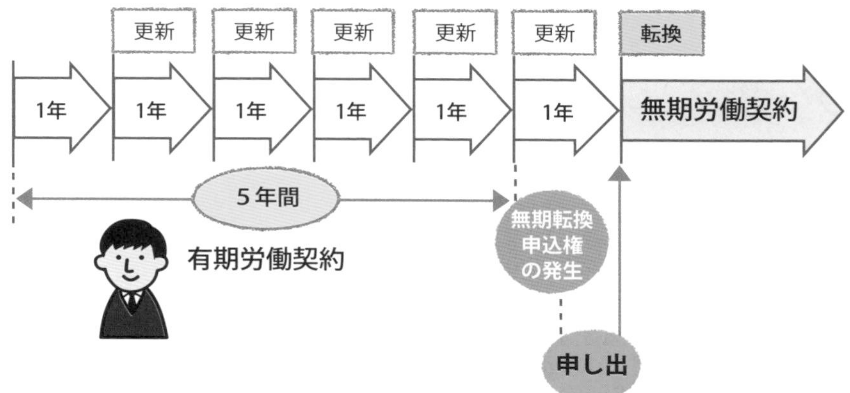

無期転換ルールの「クーリング期間」

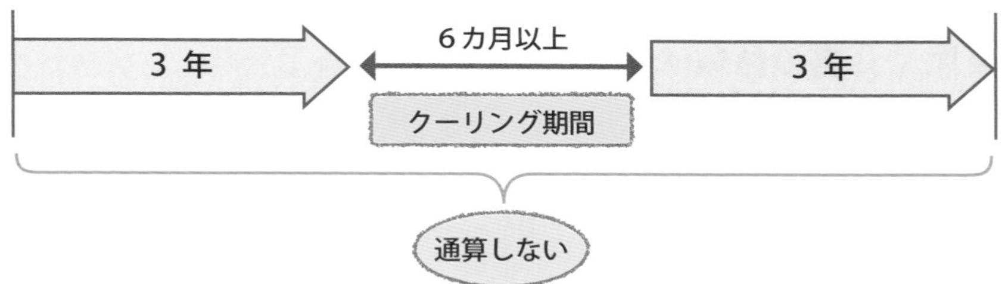

無期転換ルールの「例外」が認められるまで

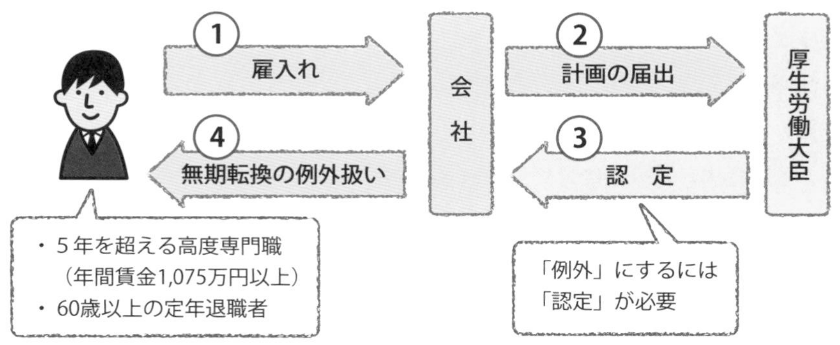

重要度 ★★☆

育児介護休業法とは？

育児中や介護中の労働者を守る法律です

育児介護休業法は、平成３年に育児休業法として制定されましたが、その後、介護休業に関する規定を追加し、育児介護休業法に改められました。

育児介護休業法の目的は、①子育てや家族の介護を行う労働者が仕事を辞めないで続けられるようにすること、②育児や介護で仕事を辞めてしまった者が再就職しやすい環境をつくることの２つです。つまり、**育児介護休業法のキーワードは「職業生活と家庭生活との両立」**なのです。

育児や介護の休暇は「有休扱い」になる？

育児介護休業法では、①育児休業、②子の看護休暇、③介護休業、④介護休暇などについて規定されています。

①の育児休業とは、子が１歳に達するまでの休業のことです。産後 56 日目までは産休となり、そのまま育児休業に入る場合は、産後 57 日目からが育児休業期間となります。

子が１歳に達した時点で、両親のいずれかが育児休業をしていた場合で、保育所の入所待ち状態ならば１歳６カ月まで、子が１歳６カ月のときにも保育所の入所待ち状態ならば、２歳まで延長が認められます。

②の子の看護休暇とは、小学校就学前の子を養育する者が事業主に申し出ることにより、１年度において子１人当たり５日(２人以上で 10 日)を限度に、ケガや病気となった子の世話や、予防接種・健康診断などを受けさせるために取得できる休暇です。

③の介護休業は、介護のために１人の家族につき３回、通算で 93 日取得できます。また④の介護休暇は、介護のために１人の家族につき１年度で５日（２人以上なら 10 日）を限度に取得できます。なお、事業主は、休暇（子の看護・介護）を取得した日を有給休暇扱いにする義務はありません。

「育児介護休業法」の目的

①子育てや家族の介護を行う労働者が仕事を続けられるようにすること

②育児や介護で仕事を辞めてしまった者が再就職しやすい環境をつくること

職業生活と家庭生活との両立

「育児介護休業法」が定める各休業・休暇期間*（令和5年7月現在）

育児休業	原則として、子が1歳に達するまで （場合により、1歳6カ月、最長2歳まで延長可能） ※雇用保険の育児休業給付金の対象となる
子の看護休暇	1年度で5日（2人以上なら10日）
介護休業	1人の家族につき3回、通算で93日 ※雇用保険の介護休業給付金の対象となる（100ページ参照）
介護休暇	1年度で5日（2人以上なら10日）

ワンポイント

「産後パパ育休」とは？

令和4年10月から、子の出生後8週間のうち4週間まで育児休業を取得できる産後パパ育休（出生時育児休業）の制度が開始されました。また、新たな制度として、育児休業の延長があった場合、延長期間の途中であっても育児休業の夫婦間の交代が可能となりました。

重要度 ★☆☆

04 男女雇用機会均等法とは？

「セクハラ」や「マタハラ」の防止は、事業主の義務です

昭和61年に男女雇用機会均等法（以下、均等法）が施行されました。

均等法は改正を重ね、現在では、**労働者の募集・採用については男女ともに均等な機会**を与えなければならず、**配置・昇進・定年・解雇・労働契約の更新などについては、男女の差別的取扱いが禁止**されています。

たとえば、求人票において、「営業職・男性募集」「保母さん募集」といった表現はNGで、正しくは「営業職・男女募集」「保育士募集」となります。

婚姻・妊娠・出産などによる解雇は原則禁止

均等法9条では、女性労働者が婚姻や妊娠、出産をしたことや、労基法の産休や妊婦の軽易な業務への転換を請求したことを理由に、解雇など不利益な取扱いをしてはならないと規定しています。

また、妊娠中や出産後1年を経過しない女性（妊産婦）の解雇は原則無効とし、例外として、事業主が妊娠や出産を理由とする解雇でないことを証明した場合は無効となりません。この規定が画期的なのは、**妊産婦に対する解雇は原則無効**とし、反論の証明責任を事業主に負わせている点です。

その他、均等法では、性的な言動（セクシュアルハラスメント）や、妊娠や出産、さらには産休を取得したことなどについての言動（マタニティハラスメント）などにより、労働者の就業環境が害されることがないよう、雇用管理上、必要な措置を取ることを、事業主の義務としています（均等法11条、11条の2①）。

このように、均等法上、事業主はセクハラやマタハラが行われないよう、就業規則の整備や教育研修、啓発などを行う必要があるのです。

「均等法」での事業主に対する規制

法5条	労働者の募集・採用での性差別禁止
法6条	配置・昇進・降格・教育訓練などでの性差別禁止
法9条	婚姻・妊娠・出産などを理由とする不利益な取扱いの禁止
法11条	セクハラの防止措置の義務
法11条の2①	マタハラの防止措置の義務

求人票での OK・NG 表現

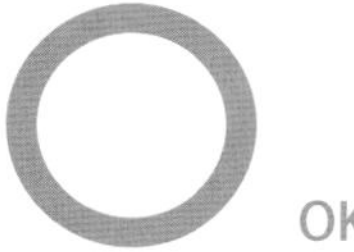
OK

「営業職・男女募集」
「保育士募集」
「ウエイター＆ウエイトレス募集」
「社員・男性20名、女性20名募集」

NG

「営業職・男性募集」
「保母さん募集」
「ウエイター募集」
「社員・男性30名、女性10名募集」

ワンポイント

均等法違反とはならない「ポジティブアクション」とは？

管理職に女性が少ないなど、男女の労働者の間にある「差」を解消するための企業の取り組みを「ポジティブアクション」といいます。その1つとして、たとえば、女性労働者の数が男性労働者と比べて「4割未満」の部署などで、女性を有利に扱うことは違法とはされません。

重要度 ★☆☆

05 賃金に関する2つの法律を知ろう

「最低賃金法」と
「賃金の支払確保法」の2つがあります

賃金に関する法律の1つは最低賃金法で、これは**使用者が支払うべき賃金の最低額の保障と、労働者の生活の安定などを目的**とした法律です。最低賃金の額は時間給によって定められています。全国47都道府県ごとの地域別最低賃金、鉄鋼業など特定の産業別に特定最低賃金が決定されています。

地域別最低賃金は、労働者の生計費、賃金、通常の事業の賃金支払い能力などを考慮して決める必要があり（最低賃金の原則）、「労働者の生計費」を考慮するうえでは、**生活保護との整合性に配慮**するとされています。これは生活保護による支給額が最低賃金の水準を上まわらないようにするためです。

最低賃金違反があった際、労働者は労働基準監督署へ申告でき、この場合、事業主は最低賃金額との差額を支払う必要があります。また、労働基準監督署に申告をした労働者に、事業主が解雇などの不利益な取扱いをした場合、6カ月以下の懲役、または30万円以下の罰金が科されます。

国による「未払賃金の立替払」とは？

もう1つの法律は、賃金の支払の確保等に関する法律（賃金の支払確保法）で、これは**未払賃金の立替払を規定**しています。この規定により、会社が倒産したなどの原因で労働者に本来支給されるべき賃金が支払われなかった場合、国がその額を立て替えて支払います。

この立替払の対象となるのは、労災保険に1年以上加入実績のある事業主が倒産し、労働者側からの請求があった場合です。倒産手続き開始などの申立てがあった日の6カ月前の日から2年以内の未払賃金が対象となります。定期的に支払われる賃金だけでなく退職手当も対象とされます。

ただし、未払賃金の全額が対象となるわけではなく、年齢に応じて一定の上限額が決められており、その80%が立替払の対象となります。

「最低賃金法」のポイント

特定最低賃金 ＞ 地域別最低賃金

特定の産業別に決定

全国47都道府県ごとに決定

特定最低賃金は地域別最低賃金を上まわるものとする

「未払賃金の立替払」の対象となるのは？

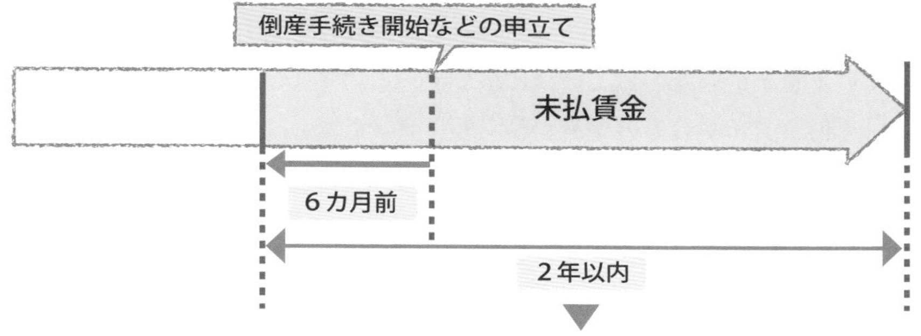

「未払賃金の立替払」の対象

【未払賃金の上限額】

基準退職日における年齢	未払賃金の上限額
30歳未満	110万円
30歳以上45歳未満	220万円
45歳以上	370万円

未払賃金の上限額の覚え方は、「未払賃金 110 番、倍の 220 万、ミナマル（370 万）く収まる」です！

ワンポイント

最低賃金法に違反したら？

「地域別最低賃金」に違反した事業主には、50万円以下の罰金が科せられます。また、産業別の「特定最低賃金」に違反した場合は、労基法24条の全額払いの原則違反となり、30万円以下の罰金となります（地域の適用がない船員を除く）。

重要度 ★☆☆

06 職業安定法と労働者派遣法とは？

職業紹介や労働者派遣について定めた法律です

職業安定法は、職安や職業紹介事業者について定めた法律です。

社労士試験でポイントとなるのは、「**職業紹介事業の許可等に関する規定**」です。職業紹介事業とは、仕事を探している人を登録しておいて、社員を探している企業に紹介するという仕事です。この中で、人を紹介した企業から報酬を得るタイプのものが有料職業紹介事業となります。

有料職業紹介事業は厚生労働大臣の許可制となっており、職業紹介責任者の選任が義務となっています。

労働者派遣法（以下、派遣法）は、**派遣元事業者と派遣先事業者に対する規制と派遣労働者の保護を目的**としています。労働者派遣事業を実施するには厚生労働大臣の許可を得なければなりません。

派遣と職業紹介を組み合わせた制度として紹介予定派遣があります。これは、派遣労働者として最長６カ月間派遣先で働き、派遣労働者と派遣先の企業がお互いを気に入れば、そのまま社員となる制度です。労働者は会社の内情を知ったうえで就職を決められ、企業側は労働者の仕事ぶりを見て採用を決定できるので、双方にメリットがある制度となっています。

派遣労働者に対する「労働契約申込みみなし制度」とは？

派遣先が、①派遣法で禁止されている建設業などで派遣労働者を働かせた場合、②無許可の業者から派遣労働者を受け入れた場合、③派遣の可能期間に違反した場合、④偽装請負を行った場合は、**派遣先の事業者はその派遣労働者に対して、今までの労働条件と同じ条件で直接雇用の申込みをした**ものとみなされます。

派遣労働者がこれを受け入れた場合は、その派遣労働者は、派遣先の社員となることができます。

「紹介予定派遣」とは？

派遣元事業者

紹介予定派遣

派遣先

派遣就業

マッチング

社員として採用

労働者派遣法

労働者派遣事業

職業安定法

有料職業紹介事業

「紹介予定派遣」は、会社にとっても、労働者にとっても、メリットがある制度です

派遣労働者に対する「労働契約申込みみなし制度」

① 派遣法の禁止業務で派遣労働者を働かせた場合
② 無許可の業者から派遣労働者を受け入れた場合
③ 派遣の可能期間に違反した場合
④ 偽装請負を行った場合

派遣労働者

派遣先の事業者は、今までの労働条件と同じ条件で直接雇用の申込みをしたものとみなされる

ワンポイント

「派遣」や「紹介」が禁止されている業務

派遣が絶対禁止となっている業務には、①港湾運送業務、②建設業務、③警備業務があり、原則禁止の業務には、④医療関係業務があります。これらの中で有料職業紹介が絶対禁止となっているのは、①港湾運送業務、②建設業務です。

重要度 ★★☆

07 高年齢者雇用安定法とは？

60歳を下まわる定年退職年齢は原則禁止です

定年退職年齢は、高年齢者雇用安定法（以下、高年齢者法）によって、**60歳を下まわることができない**と定められています。

唯一の例外として、坑内作業の業務があります。坑内作業は労働が過酷で、高年齢者にとって困難な業務とされているためです。

なお、高年齢者法では、高年齢者は55歳以上の者とされています。

65歳までの「雇用確保義務」と70歳までの「就業確保努力」

高年齢者法9条では高年齢者雇用確保措置が定められています。65歳未満を定年としている事業主は、①定年の引上げ、②継続雇用制度の導入、③定年の定めの廃止の3つの制度のうち、いずれか1つを実施しなければなりません。

実際の導入状況を統計（厚生労働省「高年齢者雇用状況等報告の集計結果」）で見ると、②の継続雇用制度の導入が全体の71％程度となっています。

この継続雇用制度を導入した場合、原則、雇用を希望する労働者全員が65歳まで働き続けられるようにしなければなりません。ただし、その身分は正社員である必要はなく、嘱託社員など一定期間で更新する形でもかまいません。

65歳から70歳までは、就業確保措置が努力義務となっています。基本的には65歳までの雇用確保措置と同じですが、労働者の過半数を代表する者の同意を得た場合は、雇用契約ではなく委託契約によることも可能です。

高年齢者法では、高年齢者雇用状況報告書の提出が義務づけられており、事業主は毎年6月1日現在の定年や継続雇用制度の状況などを7月15日までに、所轄職安を経由して厚生労働大臣に提出する必要があります。

「高年齢者雇用安定法」の大原則

原則 定年退職年齢は、60歳を下まわることができない

【例外】 坑内作業の業務は、60歳を下まわることができる

65歳までの「雇用確保義務」と70歳までの「就業確保努力」

65歳までの「雇用確保措置」（義務）	65歳以上70歳までの「就業確保措置」（努力義務）
対象 定年を65歳未満に定めている事業主	**対象** 定年を70歳未満に定めている事業主 または 70歳以上の継続雇用制度がない事業主
義務 ①定年の引上げ ②継続雇用制度の導入 ③定年の定めの廃止	**努力** ①定年の引上げ ②継続雇用制度の導入 ③定年の定めの廃止 例外：労働者の過半数を代表する者の同意があるときは、高年齢者が創業した事業や社会貢献事業との委託契約も可能

事業主

ワンポイント

65歳までは雇用義務、70歳までは就業努力！

65歳までの雇用の確保は会社の義務です。また、令和3年4月からスタートした65歳以上70歳未満の就業確保措置は努力規定となっています。

重要度 ★★☆

障害者雇用促進法とは？

障害者の「職業生活における自立」を促す法律です

障害者雇用促進法は、身体障害者や知的障害者、精神障害者が、**職業生活において自立することを促進**するための措置を総合的に講じ、それにより**障害者の職業の安定を図る**ことを目的とする法律です。

職業生活において自立することを促進する措置として重要なのが、職業リハビリテーションです。これは、障害者に対して職業指導や職業訓練、職業紹介などを行い、その職業生活における自立を図ることを目的としています。たとえば、国立職業リハビリテーションセンターでの体系的な職業訓練や職業指導がそれに当たります。

「障害者雇用率制度」とは？

障害者雇用促進法では、障害者の雇用の場を確保するため、常用労働者の数に対する一定割合（障害者雇用率）の身体障害者、知的障害者、精神障害者を雇用する義務を事業主に課しています（障害者雇用率制度）。

障害者雇用率は、法人の形態や年度によっても異なりますが、2％台前半～3％の間で設定されています。

障害の特性に配慮した必要な措置とは？

事業主は、**労働者の障害の特性に配慮した必要な措置**を講じなければなりません。たとえば、従業員の募集に際して、その内容を視覚障害者に音声で提供する、聴覚障害者の面接を筆談で行う、机の高さを調節し作業ができるように工夫をする、労働者本人の習熟度に応じて業務量を徐々に増やしていく、などです。

ただし、事業主の過重な負担（企業規模に応じて費用が多大となる場合など）になりかねない場合は義務とはなりません。

「障害者の特性に配慮した必要な措置」の例

	採用時	採用後
視覚障害	● 募集内容について、音声などで提供する ● 採用試験について、点字や音声などによる実施や、試験時間の延長などを行う	● 業務指導や相談に関し、担当者を定める ● 拡大文字や音声ソフトなどを活用することで、業務が遂行できるようにする
聴覚・言語障害	● 面接の際に、就労支援機関の職員などの同席を認める ● 面接を筆談などで行う	● 業務指示・連絡に際して、筆談やメールなどを利用する ● 出退勤時刻・休暇・休憩に関し、通院・体調に配慮する
肢体不自由	● 面接の際に、できるだけ移動が少なくてすむようにする	● 移動の支障となるものを通路に置かない、机の配置や打合せ場所を工夫するなどにより、職場内での移動の負担を軽減する ● 机の高さを調節するなど、作業ができるように工夫する

ワンポイント

障害者雇用納付金と障害者雇用調整金

常時労働者が100人を超える規模の事業所では、雇用した障害者の人数が法定雇用人数に達しない場合、「障害者雇用納付金」を納付しなければなりません。一方、それより多く雇用した場合には、「障害者雇用調整金」が支給されます。

重要度 ★★☆

労働組合法とは？

「団結権」「団体交渉権」「団体行動権」を確立し、
労働者の地位向上を目的としています

労働組合法（以下、労組法）の目的は、1条に記されています。そこには、**憲法28条で保障されている「団結権」「団体交渉権」「団体行動権」が記載**されています。

「労働者が使用者との交渉において対等の立場に立つことを促進することにより労働者の地位を向上させること、労働者がその労働条件について交渉するために自ら代表者を選出することその他の団体行動を行うために自主的に労働組合を組織し、団結することを擁護すること並びに使用者と労働者との関係を規制する労働協約を締結するための団体交渉をすること及びその手続を助成することを目的とする」（労組法1条）

団結権とは、労働者が使用者と対等な立場で労働条件の交渉をするために労働組合を結成する権利のことです。

団体交渉権とは、労働組合が使用者と労働条件について交渉する権利のことで、使用者は正当な理由なくこれを拒否することができません。もし、拒否すれば不当労働行為として、労働委員会の審査対象とされます。

団体行動権とは、労働組合が使用者と交渉を行う際に要求を認めさせるために、ストライキなどの争議行為をする権利のことです。

書面になっていない「労働協約」は効力なし

労働組合と使用者が労働条件などに関する取決めをし、それを文書にして両者が署名または記名、押印したものを労働協約といいます（25ページ参照）。書面主義が取られているため、書面になっていないと無効になります。

労働協約の有効期間は3年までとされ、それを超えたとしても3年とみなされます。期間の定めのない労働協約は、一方からの文書によって解約することができますが、その際は90日前までに予告する必要があります。

「労働三権」とは？

団結権	労働者が使用者と対等な立場で労働条件の交渉をするために、労働組合を結成する権利
団体交渉権	労働組合が使用者と労働条件について交渉する権利
団体行動権	労働組合が使用者と交渉を行う際に、要求を認めさせるために、ストライキなどの争議行為をする権利

「労働協約」とは？

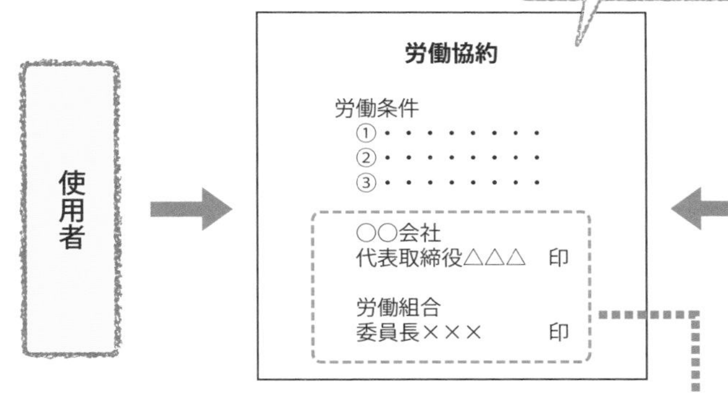

労働協約の有効期間は？

労働協約に3年を超える有効期間の定めをすることはできません。また、労働協約は書面主義を取っており、書面を作成しても署名や押印がない場合は、効力が発生しません。

重要度★☆☆

10 労働紛争解決のための法律とは？

近年増加している「個別の紛争」解決のために、「個別労働関係紛争解決促進法」があります

労働関係調整法は、使用者と労働組合との集団的紛争を解決する法律として昭和21年に施行されました。集団的紛争が起きたときに国や自治体の労働委員会が労使の間に入ることによって解決に導いていく法律です。

これに対して、個別労働関係紛争解決促進法（以下、個別法）は、平成に入り増え続ける個々の労働者と事業主との紛争（個別労働関係紛争）を解決するための手段として、平成13年に施行されました。

あっせん制度が目指すのは、「和をもって貴(とうと)しとなす」

個別労働関係紛争を解決する手段として、都道府県労働局に置かれている紛争調整委員会によるあっせん制度があります。あっせん制度は、紛争当事者からあっせんの申請があった場合、あっせん委員が当事者の間に入って和解を促す制度です。

あっせんは、裁判のように双方の主張から裁判官が判決を出すものではなく、あっせん委員が紛争の当事者を個別交互にあっせんルームに呼び、そこで双方の主張の論点を整理し、譲歩を引き出し、最終的には和解契約を目指します。**労使がお互いに歩み寄って紛争を解決していく制度**は、聖徳太子の十七条憲法「和をもって貴しとなす」の精神と一致しているといえます。

行政制度なので費用は無料で、期間も短く1日で終了します。あっせん委員は弁護士、大学教授、社労士などの労働問題の専門家が担当します。また、特定社会保険労務士（以下、特定社労士。142ページ参照）は当事者の代理としてあっせんに参加したり、つき添ったりすることができます。

均等法、育児介護休業法、パートタイム労働法、障害者雇用促進法で紛争が起きた際には、それぞれに調停というあっせんと同様の制度があり、それを利用します。

労働紛争解決のための手段とは?

和解を目指す制度

紛争調整委員会の「あっせん」	解雇、いじめ、労働条件での不利益な変更などに関する労使間のトラブルを、あっせん委員が調整し、和解を目指す制度
紛争調整委員会の「調停」	男女雇用機会均等法、育児介護休業法、パートタイム・有期雇用労働法、障害者雇用促進法、労働者派遣法、労働施策総合推進法でのトラブルを調停委員が調整し、和解を目指す制度

どちらも、「特定社労士」の紛争解決手続代理業務

※特定社労士になるには「紛争解決手続代理業務試験」に合格する必要がある（142ページ参照）

紛争解決手続代理業務試験は、社労士試験に合格後、なるべく間を空けずに受けるほうが有利です！

和解を目指しつつ、審判を下す制度

裁判官と労働審判員の「労働審判」	個別労働関係紛争の解決のための制度。まず、地方裁判所において、裁判官（労働審判官）と労働関係についての専門知識や経験を持つ労働審判員が、３回以内の期日で審理を行い、調停による解決を目指す制度。調停が成立しない場合は、紛争解決案を定めた労働審判を下す

▶労働審判後、２週間以内に異議申立てがない場合

→ **労働審判が「裁判上の和解」と同一の効力を持つ**

▶労働審判で解決不可能な場合

→ **訴訟へ**

重要度 ★★★

11 社会保険労務士法とは？

社労士の業務などを規定した法律。
試験でも出題の可能性大です

社会保険労務士法（以下、社労士法）は、社労士の業務の範囲や社労士となるための登録と欠格事由、社労士法人、業務上の禁止行為や懲戒処分、罰則などについて規定している法律です。社労士試験においては慣例的に、**「労務管理その他の労働に関する一般常識」、または「社会保険に関する一般常識」（第10章参照）のいずれかの分野**で、1問の出題が予想されます。

社労士の業務には大きく、①労働保険や社会保険の各種申請書類の作成・提出の**代行業務**、②申請や行政機関の調査や処分について、事業主に代わって、主張・陳述をする**事務代理**、③特定社労士が行う**紛争解決手続代理業務**、④コンサルタントとしての**相談業務**があります。

社労士の基本的な業務は、①の企業の労働・社会保険に関する手続きの代行業務です。たとえば、入社した社員の「健康保険・厚生年金保険被保険者資格取得届」や「雇用保険被保険者資格取得届」の提出、退職の際に必要な「離職証明書」の作成などがあります。

「特定社労士」とは？

労働紛争の解決手段として、都道府県労働局で行っている個別労働関係紛争の**あっせん**などの場がありますが、そうした場で当事者のいずれかを代理して、話し合いによる和解契約を目指す業務を行うのが、**特定社労士**です。

特定社労士となるには、全国社会保険労務士会連合会が実施する**紛争解決手続代理業務試験**に合格することが必要です。この試験を受けるためには、一定の業務研修を受け、与えられた課題を提出する必要があります。試験はすべて記述式なので、**試験対策として、まとまりのある文章を書く練習**をしておくことも欠かせません。

社労士の主な業務

主な業務

① 労働保険や社会保険の各種申請書類の作成・提出の 代行業務

……入社・退社の際の労働・社会保険の手続き
……雇用継続給付の代行申請、助成金の申請など

② 申請や行政機関の調査や処分について、事業主に代わって、主張・陳述をする 事務代理

……労働基準監督署による調査の立会い、社会保険調査の代行出頭

③ 特定社労士が行う 紛争解決手続代理業務

……都道府県労働局における、紛争調整委員会のあっせんなどで、当事者を代理し、和解契約を目指す

④ コンサルタントとしての 相談業務

……賃金制度の構築や評価制度の作成
……労務管理の相談や社内規定の作成
……残業削減対策の相談、講演など

社労士の主な業務スタイル

勤務社労士

企業内や企業グループ内で、労働・社会保険諸法令に基づく各種申請書類の作成・提出業務を行う

社労士法人

法人の企業体として、社労士業務全般を行う。大型案件の受注に適している

開業社労士

自営で、顧問契約や手続きなどを中心に業務を行う

ワンポイント

社労士が不正を指示したらどうなる？

故意に不正を指示した場合は、3年以下の懲役、または200万円以下の罰金（社労士法の最高罰）が科せられます。さらに懲戒処分として、1年以内の業務停止、または失格の対象となります。

重要度 ★☆☆

12 日本型労務管理の特徴とは？

かつての日本の産業界を支えた
「３つの雇用制度」を押さえておきましょう

日本型の雇用慣行として昭和から平成の初めにかけて日本の産業界を支えたのは、①**終身雇用制**、②**年功序列制**、③**企業別労働組合**の３つの制度です。

①の終身雇用制とは、新卒一括採用から定年退職までの間、企業は従業員の継続雇用を原則保障し、従業員は会社に対して忠誠を尽くすという、和を重視した集団的労務管理のことです。

②の年功序列制は、年齢や勤続年数を昇給や昇格の軸として運用していく制度で、原則、勤続年数が長くなるに従って、給与や役職が上がっていくという制度です。

③の企業別労働組合は、単独企業や企業グループだけで組織する労働組合です。日本においては企業別労働組合が圧倒的に多いのですが、欧米では、企業の枠を超えた**産業別労働組合**が主流となっています。

成果主義の台頭と終えん

バブル経済が崩壊し、①終身雇用制や②年功序列制は「企業の競争力の低下につながるよくない制度」として認識されるようになりました。そのころ台頭してきたのが**成果主義**です。

成果主義とは、仕事の成果に応じて給与や昇格を決定する制度です。成果を上げれば給与が上がり昇格もしますが、成果を上げられなければ給与は現状維持か、下がります。平成８年から16年にかけて、成果主義を導入し、業績・成果給部分を拡大する企業が多くなりましたが、**19年には減少に転じ、その傾向は現在も続いています**。

成果主義は短期の成果を重視することで、従業員の競争意識を高めて企業の業績を向上させる面もありますが、逆に企業への忠誠心の低下や長期の仕事に対するモチベーションを低下させるという面もあったのです。

「日本型の雇用慣行」の3つの特徴

終身雇用制	企業は従業員に対して、新卒採用後、定年退職まで継続的な雇用を保障する代わりに、従業員は企業に対して忠誠を尽くし続けるという労務管理の方法
年功序列制	年齢や勤続年数に従って昇給や昇格が行われる人事制度。そのため、長く勤めればそれだけ給与や役職も上がりやすくなる
企業別労働組合	単独の企業や企業グループで組織された労働組合。一方、企業の枠を超えて組織されるのが「産業別労働組合」で、欧米ではこちらが主流

「成果主義」のメリット・デメリット

成果主義	仕事の成果に応じて給与や昇格が決まる制度。成果を出せば、昇給・昇格しやすくなる一方、成果が出せなければ、給与は下がるか、現状維持となる

メリット

- 従業員の競争意識を高める
- 企業の業績を向上させる

デメリット

- 企業への忠誠心が低下
- 長期の仕事に対するモチベーションが低下

一時期もてはやされた成果主義も、最近は見直される傾向にあります

ワンポイント

最近注目の「ディーセント・ワーク」

平成19年には「仕事と生活の調和（ワーク・ライフ・バランス）憲章」が定められました。さらに、平成20年代に入ると、「ディーセント・ワーク（働きがいのある人間らしい仕事）」の実現も、重要視されるようになっています。

重要度 ★★☆

13 賃金管理の2つのタイプとは？

「同一労働同一賃金」の職務給と
「同一能力同一賃金」の職能給があります

社労士の仕事に、賃金規定の作成があります。

賃金規定を作成する場合、基本給の決定要素をどうするか、各種手当の設定条件をどうするかなどは、会社によって考え方が異なります。

たとえば、基本給の決定要素をどうするかについて、仕事を中心に考える仕事給と、年齢や勤続年数、学歴に応じて決定する属人給とに分かれます。

さらに仕事給の種類には、行っている仕事に応じて決める職務給と、従業員の能力に応じて決める職能給、仕事の成果に応じて決める成果給があります。

職務給は、**仕事の難易度や重要度、責任度**などによって額を決める同一労働同一賃金の考え方に立っています。そのため、職務をランクづけする職務等級制度を導入します。ランクづけに際しては、職務調査を行い部署ごとにどのような仕事があるかを洗い出し、職務分析により内容を精査していきます。こうしたランクづけを職務評価といいます。

職務遂行能力に基づく「職能給」は日本で発達

一方、職能給は、**従業員の職務遂行能力を基準**にランクづけして基本給を決定する制度で、同一能力同一賃金の考え方に立っています。

そのため、従業員の能力を評価するための人事考課制度と、能力のランクづけを行うための職能資格制度が必要となります。

人事考課を行う場合、評価を行う上司の資質も問題となります。評価者の陥りやすい心理的誤差として「ハロー効果」があります。これは、何か１つよい点あるいは悪い点があると、全体の印象や他の評価もその影響を受けてしまうというものです。今風にいえば「レッテル貼り」、ことわざでいえば「坊主憎けりゃ袈裟（けさ）まで憎い」ということです。

「職務給」と「職能給」

職務給　仕事の難易度や重要度、責任度などによって基本給を決定する制度

同一労働同一賃金

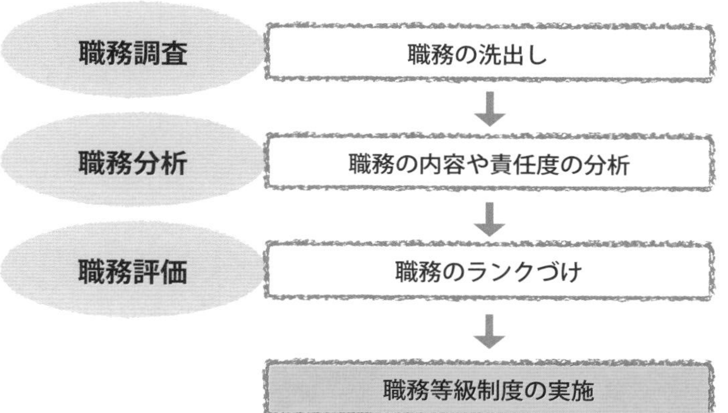

職能給　従業員の職務遂行能力を基準にランクづけをして基本給を決定する制度

同一能力同一賃金

人事考課制度

半期や年度ごとに、従業員の能力評価を実施し、職能等級の資料とした制度

職能資格制度

能力をランクづけした等級を基本給の決定と結びつけた制度

ワンポイント

社労士試験にも出題された「電産型賃金制度」とは？

第二次世界大戦直後に登場し、その後の日本企業の賃金制度に影響を与えたのが「電産型賃金制度」です。賃金の決定要素の客観化や最低限の生活を保障する賃金など、戦後の混乱期の中で、「食える賃金」の実現を目指して提唱されました。

評価制度は「愛」である！

会社における「評価制度」とは何でしょうか。

評価制度は社員の優劣をつける閻魔帳（えんまちょう）ではありません。評価制度は本来、会社が社員一人ひとりに向き合って、社員の気づきやモチベーションを引き出し、本人の成長につなげるための制度です。つまり、会社の社員に対する「愛情表現」ともいえます。

実際、人は評価されることでやる気になります。これが評価の持つ力です。ただ、人に評価されるということはとても緊張感をともないます。また、その評価を見て納得できるのか、納得できないのかも難しいところです。自分ではもっとよい評価が出ると思っていたのに、期待に反した評価が出たときのがっかり感ってありますよね。

一方、評価する側も、けっこう大変です。評価に公平性が欠けている、ひいきがあった、などということになると評価の権威は損なわれて、ただの儀式となってしまいます。

そうした評価する側のサポートをするのも、社労士の仕事です。たとえば、社労士の仕事の１つに、企業への「評価者研修」の実施がありますが、この研修では、①評価の意味、②評価の持つ力、③評価の仕方、④社員へのフィードバックの仕方、⑤評価の運用方法など、その会社の評価制度に合わせてオリジナルの研修を行います。

研修に参加するのは、「評価する側」である管理職クラスの人たちなので、鋭い質問も多く、講師もけっこう大変です。評価者研修を実施する社労士は経験が豊富で、しっかりとした自分を持っている必要があります。

その意味で、会社の評価制度の作成から評価者研修までを一括で請け負ってサポートできるスキルを持った社労士は、その分野のまさに専門家と評価されるでしょう。

第7章

健康保険法

勉強のコツ！

「共通部分」を意識して学習しましょう。
たとえば、適用関係や保険料に関して、
厚生年金保険と共通部分があります。
保険給付は、国民健康保険や
後期高齢者医療制度とほぼ共通です。

重要度 ★★☆

日本の医療保険制度の枠組みとは？

大きく「健康保険制度」と「国民健康保険制度」の２つがあります

健康保険制度は、会社員などの雇われている人（**被用者**）と、被保険者によって生計を維持されている扶養親族（**被扶養者**）を対象とした**医療保険制度**です（健康保険法）。

医療保険とは、健康保険証を病院で見せれば、一部負担金を支払うだけで医療を受けることができる社会保険の総称です。会社員などが健康保険制度に属するのに対して、自営業者や定年退職者、無職の者の医療保険は**国民健康保険制度**です。ただし、75歳になると、それぞれの制度に加入していた者全員が、被扶養者も含めて**後期高齢者医療制度**の被保険者となります。

健康保険の「保険者」とは？

保険者とは、その制度を実施している主体のことです。健康保険の保険者は、**全国健康保険協会**（以下、協会けんぽ）と**健康保険組合**（以下、健保組合）です。

協会けんぽは民間の公法人で、社会保険庁が廃止された後、平成20年10月1日から政府管掌健康保険を引き継いで設立されました。全国47都道府県にある支部と東京にある本部で編成されています。協会けんぽには、主に健保組合に加入していない中小企業が加入しています。

健保組合には、1企業が単独で実施する**単一組合**と、いくつもの企業が加入する**総合組合**の2種類があります。単一組合は常時700人以上、総合組合は常時3,000人以上の被保険者数が必要です。健保組合を設立するには、その事業所に使用される被保険者の2分の1以上の同意を得て規約をつくり、厚生労働大臣の認可を受けます。健保組合は、協会けんぽでは行うことができない付加給付（上乗せ給付など）を独自に行うことができます。

「医療保険制度」の枠組み

対象	制度		75歳
会社員など（被用者と扶養親族）	健康保険制度 協会けんぽ・健保組合	退職者 → 国民健康保険制度	後期高齢者医療制度
公務員や私立学校の教職員	健康保険制度 共済組合	退職者 → 国民健康保険制度	後期高齢者医療制度
自営業者や無職の者など	国民健康保険制度 都道府県・市町村（特別区を含む）、国民健康保険組合　※国民健康保険には被扶養者制度はない		後期高齢者医療制度

75歳以上の人は、すべて後期高齢者医療制度の被保険者となります

健康保険の「保険者」の種類

健康保険の保険者		設　立
協会けんぽ	全国健康保険協会	平成20年10月１日に政府管掌健康保険を引き継いで設立
健保組合	単一組合（常時700人以上）	被保険者の２分の１以上の同意を得たうえで、規約を作成し、厚生労働大臣の認可を得て設立
	総合組合（常時3,000人以上）	

ワンポイント

労災保険の対象となる傷病は、健康保険の対象とならない

業務災害や通勤災害に関する傷病は、健康保険の対象外です。労災事故なのにうっかり健康保険を使ってしまった場合は、後日調整がされて、労災保険が適用されることとなります。

重要度 ★★★

健康保険の「被保険者」とは？

適用事業所に雇われている人は、原則、被保険者になります

健康保険が適用される事業所に雇われる人は、原則、雇われたその日から退職するまでの間、本人の意思とは関係なく、強制的に被保険者とされます。

パートタイマーなどの短時間労働者が、被保険者となる・ならないの基準は、その会社の規模によって２通りに分かれます。

被保険者の人数が100人以下の事業所では、短時間労働者で１週間の所定労働時間がフルタイム労働者の４分の３以上であり、かつ１カ月の所定労働日数がフルタイム労働者の４分の３以上であれば被保険者となります。

一方、被保険者の人数が100人を超える事業所（**特定適用事業所**）の場合、週の労働時間がフルタイム労働者の４分の３未満の短時間労働者も、その者の週の所定労働時間が20時間以上で２カ月を超える雇用見込みがあり、月の報酬（家族手当、通勤手当、残業手当などを除く）が８万8,000円以上で、学生でない場合は、被保険者となります。なお、特定適用事業所の「100人」という基準は、令和６年10月以降は「50人」となる予定です。

任意継続被保険者と特例退職被保険者

会社を辞めた後も、辞める前の健康保険制度を**２年間**まで継続できる制度として、**任意継続被保険者制度**があります。任意継続被保険者となるためには、退職日までの健康保険加入期間が**２カ月以上**あり、会社を辞めて被保険者資格を喪失してから**20日以内**に、今まで加入していた健康保険制度の保険者に申し出る必要があります。

特例退職被保険者制度とは、厚生労働大臣の認可を受けた**特定健康保険組合**だけが実施できる制度です。この制度では、定年退職者が定年後、75歳になって後期高齢者医療制度に加入するまでの間、それまで加入していた健康保険の被保険者となることができます。

健康保険の「被保険者」の種類*（令和４年10月より）

当然被保険者

	労働者が100人以下の事業所	労働者が100人を超える特定適用事業所
フルタイム労働者	被保険者となる	
週の所定労働時間が４分の３以上、かつ月の所定労働日数が４分の３以上の者	被保険者となる	
上記以外の者	被保険者とならない	下記のすべてに該当した場合 **被保険者となる** ①所定労働時間が週20時間以上 ②2カ月を超える雇用見込み ③月の報酬が8.8万円以上 ④学生でない

任意継続被保険者

退　職

当然被保険者の期間 → 20日以内に保険者に申し出
➡**任意継続被保険者**となる

2カ月以上　　2年まで

特例退職被保険者

定年退職

定年退職した被保険者で、
年金被保険者期間が20年以上ある者 → 今まで加入していた特定健康保険組合に申し出
➡**特例退職被保険者**となる

20年以上　　75歳まで

重要度 ★★★

健康保険の「被扶養者」とは？

主として生計維持要件、同一世帯要件、原則国内居住要件、年収などの制限があります

たとえば、夫が健康保険の被保険者で、妻が被扶養者となっていれば、妻は夫の会社の健康保険制度を利用できます。この場合、夫に追加保険料がかかることはありません。

被扶養者となる者の範囲は、一定の範囲の親族や事実婚の相手方の父母と子です。ただし、被保険者の収入で「主として生計を維持」していることが必要です。また、直系尊属（父母、祖父母、曾祖父母など）、配偶者（事実婚を含む）、子、孫、兄弟姉妹以外の者については、その要件に加え、「同一世帯」に属していることも必要となります。

３親等内の親族の範囲は、もっとも遠いところで「伯叔父母、甥、姪」までとなります。また血族（血縁関係、または養子縁組による親族）に関しては、その者だけではなく、その者の配偶者（たとえば、孫ならその配偶者）も同じ親等となります。なお、被扶養者は一時留学や海外勤務の被保険者の親族などを除いて、国内に住民票の住所があることが要件とされます。

パート配偶者の年収は 130 万円が限度基準

たとえば、夫が被保険者で同一世帯の妻がパートタイマーだった場合、妻が恒常的に得られる年間収入見込額が **130 万円（60 歳以上または障害者の場合は 180 万円）未満であって、かつ、被保険者の収入の２分の１未満**であるときは被扶養者とされます（ただし、「２分の１未満」は総合的に判断されるので、絶対要件ではない）。

なお、健康保険の被扶養者の年収には、給与収入だけではなく、老齢年金や障害年金、遺族年金、失業した場合の基本手当、会社を休業している場合に健康保険から支給される傷病手当金も含まれます。また、過去の収入ではなく、今後、恒常的に見込まれる収入額で判断されます。

健康保険の「被扶養者」の範囲

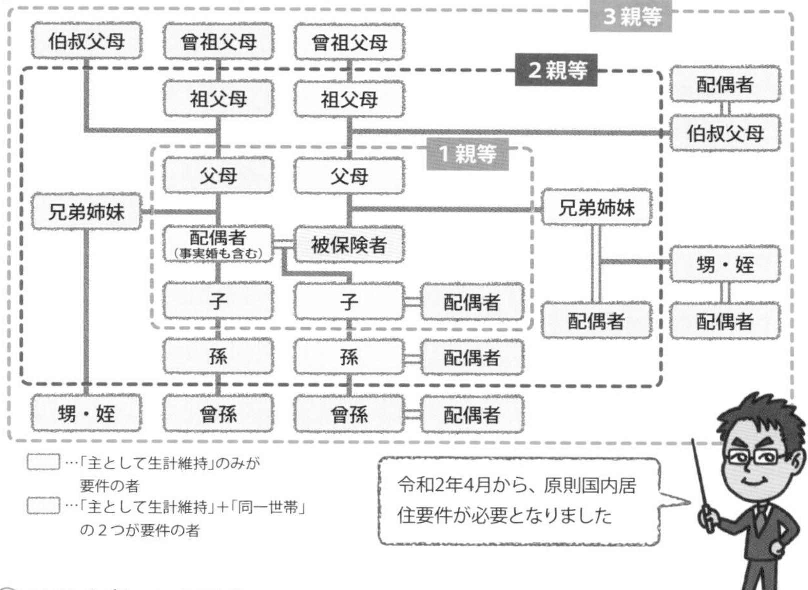

被扶養者の収入要件

収入のある被扶養者が同一世帯にある場合	年間収入が130万円未満 かつ 被保険者の収入の1／2未満 （上まわらなければ総合的判断）
収入のある被扶養者が別世帯にある場合	年間収入が130万円未満 かつ 収入が仕送り額より少ないこと

収入のある被扶養者の収入には、左ページに挙げた以外に「通勤手当」も含まれる。この取扱いは「所得税の配偶者控除」の対象となる被扶養者の収入の算定とは異なるので注意！

ワンポイント

入院中は、「同一世帯」と判断される？

入院のため一時的に別居しているものの、入院前は同一世帯にあった者は、入院中も「同一世帯に属している」と認められます。

重要度 ★★★

標準報酬月額はどうやって決まる？

月の報酬を「標準報酬月額等級表」に照らし合わせて決められます

労働保険（労災保険・雇用保険）では、給与や賞与のことを**賃金**といいますが、社会保険（健康保険・厚生年金保険）では、**報酬**、**賞与**といいます。

報酬とは、労働者が労働の対償として受けるすべてのものです。ただし、「臨時に受けるもの」と「3カ月を超える期間ごとに受けるもの」は除きます。ちなみに、後者は賞与になりますが、前者は報酬にも賞与にも該当しません。

標準報酬月額とは？

標準報酬月額とは、被保険者の報酬月額を第1～50級に区分した**標準報酬月額等級表**に当てはめて算出した額のことです。たとえば、月の報酬が19万5,000円以上21万円未満の範囲に入っている者の標準報酬月額は、全員一律20万円となります（右ページ参照）。

このようにして決定された**標準報酬月額は、保険料額算定の基礎数字**となるほか、病気で休業した場合に受けられる**傷病手当金**や、産休期間に受ける**出産手当金**を算出する際にも使用されます。

賞与については、支給額（1,000円未満の端数は切捨て）を累計し、年度で573万円（令和5年7月現在）までの額について保険料が徴収されます。これを**標準賞与**といいます。

事業主は毎年、7月1日現在に在籍する被保険者全員について、直近の4～6月に支給した報酬の額とその平均額を**報酬月額算定基礎届**に記載して届け出ます。この届け出た額を標準報酬月額等級表に当てはめたものが**標準報酬月額**となり、原則として、その年の9月から翌年の8月までの各月の保険料の基礎となります。

覚えておきたい「健康保険」の報酬関連用語

用語	解説
報酬	労働者が労働の対償として受けるすべてのもの （「臨時に受けるもの」「3カ月を超える期間ごとに受けるもの」を除く）
賞与	3カ月を超える期間ごとに受けるもの
報酬月額	4月・5月・6月に支給された報酬の平均額（「定時決定」の場合）
標準報酬月額	報酬月額を標準報酬月額等級表に当てはめて算出した額。 その年の9月から翌年の8月までが有効期間とされる （保険料、傷病手当金・出産手当金の算出の際に使用）
標準賞与	支給された賞与について1,000円未満の端数を切り捨てた額 （年度の累計で573万円まで*／令和5年7月現在）
定時決定	毎年7月1日に在籍する被保険者全員分の報酬月額から、 標準報酬月額を算出して決定すること
資格取得時の決定	入社の際に、月給額をその期間の総日数で割って、30倍した額を 報酬月額として、標準報酬月額を決定すること
随時改定	期間の途中で昇給などがあり、 原則として2等級以上の差がついた 場合に標準報酬月額を改定すること

随時改定には、その他、産前産後休業終了後の改定、育児休業等終了後の改定があります

健康保険の標準報酬月額等級表（抜粋）

等級	報酬月額	標準報酬月額
≀	≀	≀
15	17万5,000円以上18万5,000円未満	18万円
16	18万5,000円以上19万5,000円未満	19万円
17	19万5,000円以上21万円未満	20万円
18	21万円以上23万円未満	22万円
19	23万円以上25万円未満	24万円
20	25万円以上27万円未満	26万円
≀	≀	≀

重要度 ★★★

健康保険関連の届出はどこにする?

**協会けんぽなら「年金事務所」へ
健保組合なら「健保組合」へ届け出ます**

健康保険関連の届出は、どこにするのでしょうか。

70歳未満の健康保険の被保険者は、同時に厚生年金保険の被保険者となります。そのため、保険者が協会けんぽなら、被保険者に関する届出は厚生年金保険の届出と一緒に日本年金機構の出先機関である年金事務所に提出します。

年金事務所で健康保険・厚生年金被保険者資格取得届が受理されたら、その情報は日本年金機構から協会けんぽに送られ、その情報を基に、協会けんぽから会社に健康保険証が送られてきます。

健康保険証が届くのは、時期によっても異なりますが、2週間程度かかります。その間、被保険者やその扶養家族が病院などに行く場合、被保険者資格証明書を年金事務所の窓口で出してもらうことで、健康保険証の代わりにすることができます。

健保組合の場合の届出

一方、保険者が健保組合の場合、健康保険の届出は健保組合に、厚生年金の届出は年金事務所となります。

また、健康保険の被扶養配偶者が20歳以上60歳未満であるとき、その配偶者は国民年金の第3号被保険者となります。その場合、まず健保組合に国民年金第3号被保険者関係届を提出し、被扶養配偶者であることの証明印を押してもらい、その書類を年金事務所に提出します。

なお、国民年金の第3号被保険者になると、**届出をしておけば国民年金保険料を支払う必要がなくなります**。この期間は国民年金の保険料を納付した期間とされ、将来の老齢基礎年金の額に反映されるので、非常にお得な制度です。

協会けんぽへの届出の流れ

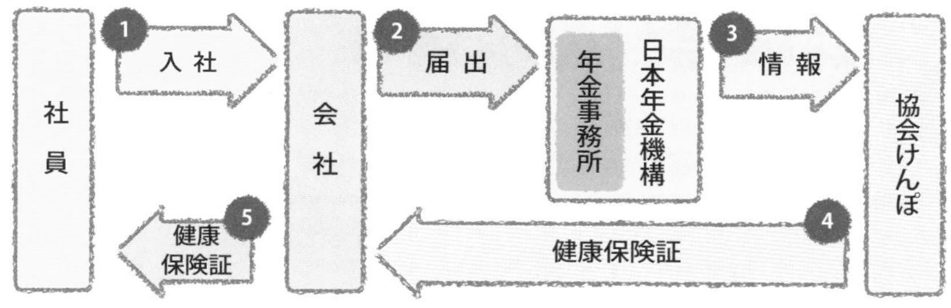

事業主が行う主な届出の提出期限

届出の種類	届出のタイミング	提出期限
報酬月額算定基礎届	定時決定のとき	7月10日まで
報酬月額変更届	随時改定などのとき	速やかに
賞与支払届	賞与支給があったとき	5日以内
被保険者資格取得届	新規採用したとき	5日以内
被保険者資格喪失届	退職したとき	5日以内

健康保険と厚生年金保険の届出は、「原則5日以内」と覚えておきましょう！

ワンポイント

マイナンバーの記載は必要か？

平成30年度から、原則として健康保険と厚生年金保険の届出の際にマイナンバーを記載することとなりました。「報酬月額算定基礎届」にも、原則としてマイナンバーの記載が必要です。

重要度 ★★★

06 ケガや病気での保険給付の種類

療養の給付や傷病手当金など、さまざまな保険給付があります

20代の会社員Aさんはひどい風邪で病院に行き、健康保険証を提示して診療を受けました。そのとき窓口で3,000円を支払いました。この場合、実際の医療費はいくらでしょうか。

Aさんの保険診療の自己負担は3割です。支払ったのは3,000円なので、実際の医療費は1万円。医療費の1万円から自己負担の3,000円を差し引いた残りの7,000円をAさんは支払う必要がありません。

これを**現物給付**といいます。**現物給付方式によって、自己負担分だけを支払って診療を受ける**ことができる保険給付を、**療養の給付**といいます。

また、Aさんを診療した病院を**保険医療機関**といいます。保険医療機関は、Aさんの医療費の残額の7,000円を協会けんぽ、または健保組合に請求しますが、その際、直接ではなく、原則として**社会保険診療報酬支払基金**に対して請求を行います。社会保険診療報酬支払基金は、診療報酬に誤りがないかを確認したうえで保険者に請求します。

ケガで会社を休んでいる間も、給与の3分の2が出る？

会社員のBさんがスキー旅行で骨折して会社を3カ月間、休みました。

この間、Bさんが無給の場合、Bさんの過去12カ月間の標準報酬月額の平均額の30分の1に相当する額の3分の2（つまり、今までの給与日額の3分の2の額）が、**傷病手当金**として支給されます。

ただし、最初の継続した3日間は**待期期間**となり、支給されません。この傷病手当金は支給開始から通算して1年6カ月を限度として支給されます。

傷病手当金を受けている者が会社を退職したときで、退職日まで継続した健康保険の加入期間が1年以上あり、資格を喪失した際に傷病手当金を受けている場合、退職後も継続して給付を受けることができます(163ページ参照)。

健康保険の「ケガ・病気」に関する保険給付

被保険者の保険給付		被扶養者の保険給付
療養の給付	保険医療機関で、一部負担金だけを払って診療を受ける現物給付方式の給付	**家族療養費** 被保険者の 下記５給付に相当 ①療養の給付 ②入院時食事療養費 ③入院時生活療養費 ④保険外併用療養費 ⑤療養費 「家族療養費」は、被保険者の保険給付の5給付が「1パック」となっています！
入院時食事療養費	入院の際の食事に対する給付	
入院時生活療養費	65歳以上の長期入院患者の食事、温度、照明、給水の費用に対する給付	
保険外併用療養費	①評価療養…高度先進医療、治験など ②患者申出療養…難病患者からの申し出による療養 ③選定療養…特別室入院や大病院での診療など	
療養費	海外療養や柔道整復師から療養を受けたときの費用	
訪問看護療養費	自宅療養患者が、自宅で継続的に訪問看護事業者が行う診療の補助などを受けたときの費用	家族訪問看護療養費
移送費	病院間の移送、ドクターヘリ等の費用など	家族移送費
高額療養費	月ごとに、自己負担額が一定の限度額を超えたときに支給。70歳未満か否かや、被保険者の所得などにより限度額の設定が変わる **家族も含めて世帯単位で支給**	
高額介護合算療養費	世帯単位で健康保険の自己負担と介護保険の利用者負担額を合算し、その額が１年間で設定された自己負担の限度額を超えた場合に支給 **家族も含めて世帯単位で支給**	
傷病手当金	業務が原因ではないケガや病気（私傷病）で休業した場合、休業１日当たり、過去12カ月間の標準報酬月額の平均額の30分の１に相当する額の３分の２を支給	なし

ワンポイント

海外でも健康保険は使える？

海外旅行中や海外赴任中にケガや病気をした場合、健康保険の「海外療養費」の対象となります。ただし、費用の全額が対象とはならず、保険者が算定した額の支給となります。

重要度 ★★★

07 出産・死亡での保険給付の種類

出産には「出産育児一時金」「出産手当金」、死亡には「埋葬料」が支給されます

出産はケガや病気ではありません。そのため「療養の給付」の対象とはなりませんが、**出産に関する保険給付の対象**となります。

たとえば、被保険者が出産した際には**出産育児一時金**が、被扶養者が出産した場合には同額の**家族出産育児一時金**が支給されます。出産育児一時金の額は、基本額と産科医療補償制度の掛け金相当額を合算した50万円とされています（令和５年７月現在)。産科医療補償制度とは、出産事故に備えて分娩機関が加入する制度で、紛争の防止・早期解決等を目的として、公益財団法人日本医療機能評価機構が行っています。

また、被保険者が出産前後に仕事を休んでいる間、**出産手当金**が支給されます。出産前後とは、**出産の日以前42日**（双子などの多胎妊娠の場合は98日）から、**出産の日後56日**までの期間です（この期間は労基法の**産前産後の休業期間**となる。覚え方：**「ヨジ〈42〉・ゴロ〈56〉生まれる」**)。産前休業は出産予定日を基準としますが、出産が遅れた場合は、遅れた日数も産前に含めます。つまり、「出産日が産前最後の日」となるわけです。支給額は、傷病手当金と同額（支給開始月以前12カ月の標準報酬月額の平均額の30分の1に相当する額の３分の2）です。また、出産手当金についても、傷病手当金と同じく、資格喪失後の継続給付の制度が適用されます(160ページ参照)。

埋葬料・埋葬に要した費用

被保険者が死亡した場合、死亡した者によって生計を維持していた者で、埋葬を行う者には５万円の**埋葬料**が支給されます。また、埋葬料を受けるべき者がいない場合は、５万円の範囲で埋葬に要した実費が支給されます。

被扶養者が死亡した場合、被保険者に家族埋葬料５万円が支給されます。

出産・死亡に関する保険給付の種類＊（支給額は令和５年７月現在）

被保険者の保険給付		被扶養者の保険給付
出産育児一時金	【支給額】 50 万円（基本額＋産科医療補償制度の掛け金相当額）	**家族出産育児一時金** 出産育児一時金と同額
出産手当金	【期間】 出産の日以前 42 日 ＋ 出産の日後 56 日まで ※出産が遅れた場合、遅れた日数は産前となる ※双子以上の場合、出産の日以前 98 日 【支給額】 支給開始月以前 12 カ月の標準報酬月額の平均額の 30 分の 1 に相当する額の 3 分の 2	なし
埋葬料・埋葬に要した費用	【支給対象者】 死亡した被保険者によって生計を維持し、かつ埋葬を行う者 【支給額】 一律 5 万円（支払い対象者がいない場合は、実際に埋葬を行った者に、「埋葬に要した費用」として、5 万円の範囲で実費を支給）	**家族埋葬料** 【支給対象者】 被扶養者を亡くした被保険者 【支給額】 一律 5 万円

「資格喪失後の継続給付制度」について（傷病手当金・出産手当金）

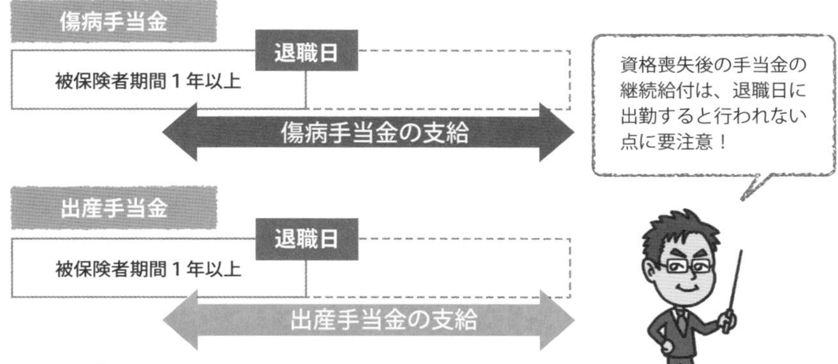

ワンポイント

「出産育児一時金」は、妊娠 4 カ月以上の出産が対象

健康保険法と労基法での「出産」の定義は、ともに「妊娠4カ月以上の出産」とされています。4カ月の数え方は、1カ月を28日とし、4カ月目に入った日である「85日以上」とされています（28日＋28日＋28日＋1日＝85日）。

重要度 ★★★

08 保険の給付が制限されるとき

ケンカ、泥酔、著しい不行跡では、保険が給付されないこともあります

被保険者（その被扶養者も含む）の行為次第では、保険の支給に関して一定の制限をかけるケースがあります（給付制限）。

たとえば、保険給付が行われないケースとしては、「**被保険者が、自己の故意の犯罪行為、または故意に給付事由を生じさせたとき**」があります。「故意の犯罪行為」とは、飲酒運転で事故を起こしたような場合です。「故意に給付事由を生じさせたとき」とは、たとえば、自らの意思で断食ストを決行し飢餓や栄養失調となったケースが考えられます。

このような場合については、保険給付は行われません。ただし、自殺の場合、埋葬料を支給しても差し支えないとされています。

また、保険給付の全部、または一部が行われないケースには、「**被保険者が闘争、泥酔又は著しい不行跡によって給付事由を生じさせたとき**」（健康保険法 117 条）があります。「闘争」とは、自らケンカを仕掛けたといったケースで、正当防衛の場合は、これに含みません。「泥酔」とは、酒酔いの程度が著しいもので、ケガの発生原因となる程度のものをいいます。「著しい不行跡」については、一般社会通念により、そのつど認定すべきとされています。

「通則」は、他の医療保険とも共通点がたくさん

健康保険は医療保険の基本的制度です。その保険給付の通則（全体を通してのルール）は、国民健康保険や後期高齢者医療制度とほぼ同じ内容となっています。また介護保険とも共通点が多くあります。

社労士試験対策としては、ここで取り上げた給付制限を含め、通則を覚えておくと、「社会保険に関する一般常識」（第 10 章参照）でも得点を確保しやすくなります。

健康保険の「給付制限」の種類

制限の理由	制限の内容
被保険者が、自己の故意の犯罪行為、または故意に給付事由を生じさせたとき	保険給付は行わない
被保険者が闘争、泥酔、または著しい不行跡によって給付事由を生じさせたとき	保険給付の全部または一部を行わないことができる
保険給付を受ける者が、正当な理由なしに、文書提出命令に従わず、答弁・受診を拒んだとき	
被保険者が正当な理由がなく、療養に関する指示に従わないとき	保険給付の一部を行わないことができる
偽り、その他不正の行為により、保険給付を受け、または受けようとしたとき	6カ月以内の期間を定め、傷病手当金、出産手当金の全部または一部を支給しない旨の決定をすることができる（ただし、行為があった日から1年を経過したときは、この限りではない）

給付制限は、他の医療保険制度（国民健康保険、後期高齢者医療制度）ともほぼ共通です。覚えておくと社労士試験では得点につながります！

ワンポイント

刑務所などに入っていることは給付制限の対象になる？

被保険者が刑務所や拘置所などの刑事施設に拘禁されている間の保険給付ですが、疾病、負傷、出産に関する保険給付は行われません。一方、「死亡に関する給付」と「被扶養者に関する給付」は行われます。

重要度 ★★★

健康保険料はどうやって決まる?

「標準報酬月額×保険料率」で算出されます

被保険者の保険料はどうやって決まるのでしょうか。協会けんぽの場合、各都道府県にある支部ごとに決定される**都道府県単位保険料率**を基に保険料が算出されます。この保険料率は、1,000分の30〜1,000分の130までの範囲(令和5年7月現在)で協会けんぽが決定することになっています。

たとえば、ある県の保険料率が1,000分の100だとすると、その支部の被保険者で標準報酬月額が20万円の者の保険料は、2万円(20万円×100÷1,000)となり、この2万円を**事業主と被保険者が折半**し、1万円ずつを負担します(健保組合の場合も、1,000分の30〜1,000分の130の間で各組合が保険料率を決定して保険料を決める)。

なお、この者が40歳以上65歳未満で介護保険の第2号被保険者に該当するときは、標準報酬月額の1.5〜2%程度の介護保険料を、これも事業主と被保険者が折半して負担することとなります。

産前産後と育児休業等期間中、保険料が免除される

育児休業等期間中の者を使用する事業主が、保険者に申し出た場合、「育児休業等を開始した日の属する月」から、「育児休業等が終了する日の翌日が属する月の前月」まで、**健康保険と厚生年金保険の保険料が全額免除**されます。

法令上の育児休業は最長2歳までですが、子育て世代に配慮して社会保険料の免除は3歳までとしています。産前産後の休業期間も保険料は免除となるので、産前産後の休業期間から引き続いて育児休業に入った場合、最長で出産前42日から子3歳の前月まで保険料が免除されることとなります。

これに対して、**介護休業期間や、仕事以外の原因でケガや病気になって傷病手当金を受けながら会社を休んでいる期間は、保険料が免除されません。**

「保険料徴収」の流れ

【協会けんぽの場合】

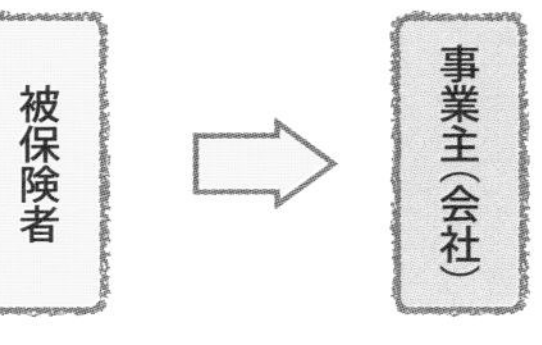

【健保組合の場合】

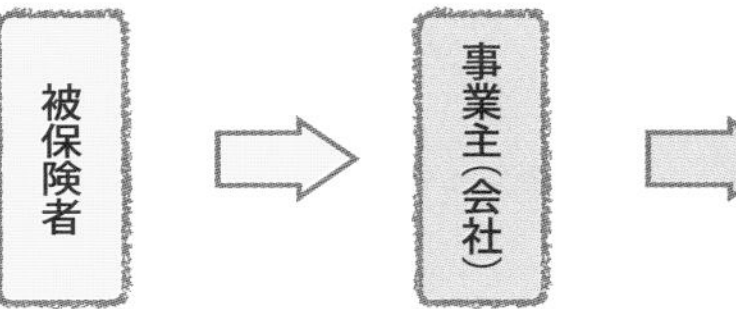

産前産後・育児休業等に関わる「保険料免除」

産前産後の休業期間　育児休業等の期間

「健康保険料（介護保険料も含む）」
「厚生年金保険料」が免除

育児休業等
終了日の翌日

「育児休業等終了日の翌日」とは、
会社に復帰した日のことです

介護保険の被保険者と徴収される保険料

年　齢	介護保険の被保険者となるか	保険料の徴収
40歳未満	介護保険の被保険者とならない	健康保険料のみ
40歳以上 65歳未満	介護保険の「第２号被保険者」となる	健康保険料 ＋ 介護保険料
65歳以上	介護保険の「第１号被保険者」となる	健康保険料のみ （介護保険料は年金天引き）

休職者への対応は慎重に！

体調不良やメンタル疾患で健康保険の傷病手当金を受けながら休職している社員が増加しています。この休業期間は、育児休業や産前産後休業と異なり、社会保険料は免除されません。給与計算の際に、原則無給となるため給与から控除することもできません。

ただし、その期間の社会保険料の請求は会社にきます。このような場合は、事前に取決めをし、休職中の社員に社会保険料を支払ってもらうことが必要です。会社が本人から社会保険料を受け取ることを忘れていると後が大変です。健康保険と厚生年金保険の保険料の本人の未払負担額がどんどんたまり、復帰後に払えない……ということにもなりかねません。

担当者は期限を決めて、振り込んでもらう必要があります。振込みなら証拠も残るので、お互いの確認資料にもなります。住民税の特別徴収をしている社員の場合は、住民税もどうするか決めておく必要があります。

傷病手当金や出産手当金を受けている社員が退職する場合も、注意が必要です。とくに気をつけたいのが、最終日に退職手続きで出社した社員を「出勤扱いにしない」こと。「1日だけでも出勤にしてあげたほうが、少しは得になるのではないか」と考えて出勤扱いにすると「資格を喪失した際に傷病手当金（出産手当金）を受けている」という、退職後も継続して給付を受けるための要件（160ページ参照）を満たせなくなってしまいます。

とくにその社員には、タイムカードを打刻しないようしっかり伝えておきましょう。なぜなら、タイムカードは傷病手当金や出産手当金の支給申請の際の添付書類だからです。退職日に打刻があるタイムカードをうっかり保険者に提出してしまうと、資格喪失後の傷病手当金や出産手当金の継続給付がストップしてしまいます。

このようなアドバイスをするのも、社労士の大事な仕事なのです。

第 8 章

国民年金法

勉強のコツ！

被保険者、年金給付、保険料関連から
多くの出題があります。
基礎年金制度はしっかり理解しましょう。

重要度 ★★★

01 現在の「年金制度」はどうなっている？

国民年金と厚生年金保険の「2階建て」になっています

国民年金制度は、昭和34年11月から無拠出制の年金が支給されたことから始まります（国民年金保険法）。無拠出制の年金とは、保険料を支払わず（拠出せず）にもらうことができる年金のことです。当時、所得が一定額以下であることを条件として、高齢者、障害者、配偶者（夫）と死別した母子家庭などを対象に福祉年金が支給されました。

その後、昭和36年4月1日から保険料を拠出して年金を受ける「拠出制」の年金が開始します。厚生年金保険の制度はすでに開始されていたため、この昭和36年を「国民皆（かい）年金達成の年」と呼んでいます。

共済年金の統合で厚生年金保険制度に一元化

昭和61年4月1日に国民年金と厚生年金保険など被用者年金（民間や官公庁などに雇用されている者が加入する年金）が大改正され、基礎年金制度が開始されました。

これによりこれまで縦割りで無関係に実施していた年金制度が改められ、**国民年金を国民共通の基礎年金とし、厚生年金保険や公務員などの共済年金をそこに上乗せする形**になりました。つまり、2階建て年金のスタートです。

また、当時、圧倒的に多かった専業主婦らの年金権を確立する制度として、第3号被保険者制度ができました。それまで専業主婦らは国民年金に任意加入しなければ自分名義の年金を受けることができませんでしたが、この制度により、夫の扶養親族となっている妻は、届け出ることで保険料を払うことなしに被保険者となれるようになりました。

さらに、平成27年10月1日には**公務員の共済年金が厚生年金保険に一元化**されました。これによって、民間の会社員と公務員は共通の厚生年金保険制度の被保険者となりました。

日本の「年金制度」の沿革

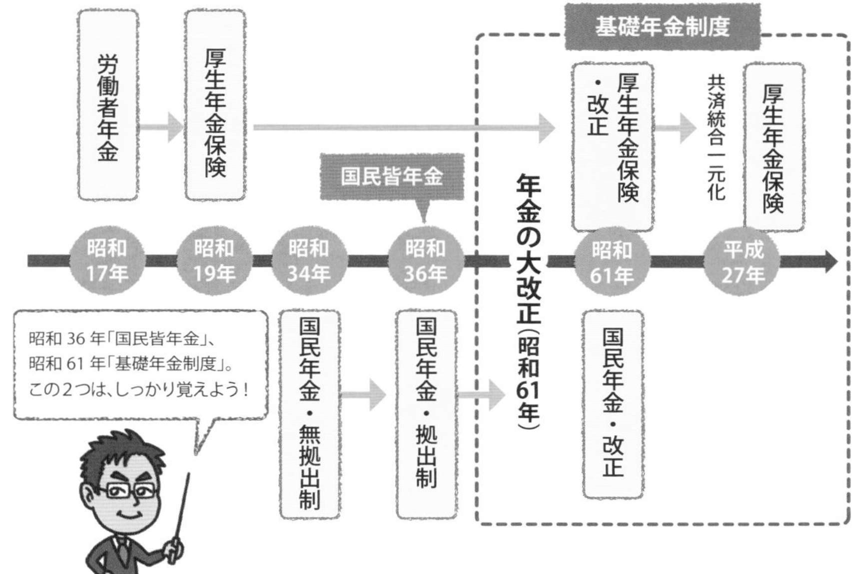

「基礎年金制度」の特徴

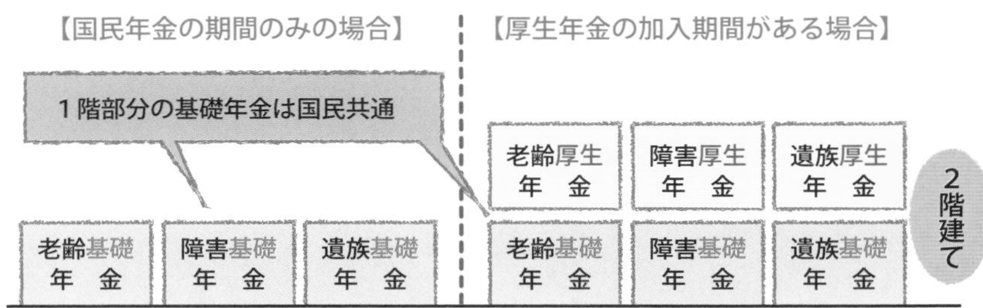

ワンポイント

日本の年金制度の３つの特徴とは？

①国民皆年金、②社会保険方式、③世代間扶養の３つが、日本の年金制度の特徴です。③の「世代間扶養」とは、現役世代の保険料負担で高齢者世代を支えるという考え方です。

重要度 ★★★

02 国民年金の「被保険者」とは？

大きく「強制被保険者」と「任意加入被保険者」の２つに分かれます

国民年金の被保険者は、**強制被保険者**と**任意加入被保険者**に分かれています。強制被保険者には、①**第１号被保険者**（自営業者や学生）、②**第２号被保険者**（会社員や公務員）、③**第３号被保険者**（第２号被保険者の被扶養配偶者）の３つがあります。

①の第１号被保険者とは、日本国内に住所がある、20歳以上60歳未満の者で、第２号被保険者と第３号被保険者に該当しない者をいいます。ただし、過去に坑内員や船員として厚生年金保険に加入していた者で60歳に達する前に老齢厚生年金などが支給される者は、第１号被保険者から除かれます。

②の第２号被保険者とは、会社員や公務員の厚生年金保険の被保険者をいいます。ただし、65歳の時点で老齢基礎年金などの受給権を取得している者は、それ以降、第２号被保険者とはされません。

③の第３号被保険者とは、②の第２号被保険者の被扶養配偶者をいいます。具体的には、専業主婦（夫）やパートタイマーで、健康保険の被扶養配偶者に該当する20歳以上60歳未満の国内居住者です。

任意加入被保険者とは？

任意加入被保険者とは、強制被保険者に該当しない者で、①日本国内に住所がある20歳以上60歳未満の者で、老齢厚生年金等を受けることができる者（60歳前に老齢厚生年金等が出るため第１号被保険者から除かれた者）、②日本国内に住所がある60歳以上65歳未満の者、③外国に住んでいる20歳以上65歳未満の日本人、のいずれかの者です。

その他、65歳時点で老齢基礎年金の受給権がない者の場合、**特例による任意加入被保険者**として65歳から最長70歳まで加入できる制度があります。

国民年金の「被保険者」の分類

1 強制被保険者

強制被保険者
- 第１号被保険者
- 第２号被保険者
- 第３号被保険者

【強制被保険者の要件】

第１号被保険者	日本国内に住所を有する、20 歳以上 60 歳未満の者で、第２号被保険者と第３号被保険者に該当しない者（60 歳前に老齢厚生年金などを受けられる者を除く）
第２号被保険者	会社員や公務員の厚生年金保険の被保険者（65 歳以上で老齢基礎年金などを受けられる者を除く）
第３号被保険者	第２号被保険者の被扶養配偶者（20 歳以上 60 歳未満の国内居住者）

2 任意加入被保険者 （任意加入被保険者制度）

- 任意加入被保険者 ･･･65歳未満
- 特例による任意加入 ･･･65～70歳まで

任意加入被保険者制度の目的は２つ。
①老齢基礎年金の受給権を取得すること
②老齢基礎年金の額を増やすこと
ただし、「特例」の場合は、①のみの目的でしか加入できません

ワンポイント

海外で働くビジネスパーソンの年金の「社会保障協定」

外国の年金制度との二重加入防止の観点から外国と結ばれる協定で、相手国への派遣期間が5年以下の場合は自国の制度のみ、5年を超える場合は相手国の年金制度を適用します。最近では中国、フィンランド、スウェーデンなどとも社会保障協定が締結されました。

重要度 ★★★

03 被保険者の届出の流れとは？

第１号被保険者と第３号被保険者では届出先が異なります

20歳になり国民年金の「第１号被保険者」となったときには、国民年金の**資格取得届**を**14日以内に住所地の市区町村に提出**することとされていますが、国内に住所があり、住民基本台帳で20歳に到達したことが確認できる者は、自動的に資格取得の手続きがなされるため、届出は不要となります。「第３号被保険者」の場合は、配偶者である第２号被保険者の事業主（第２号被保険者が公務員などの場合は、共済組合）を経由して、**日本年金機構に届け出**ます。

たとえば、第３号被保険者が妻、第２号被保険者が夫（会社員・協会けんぽ）の場合、妻が夫と結婚して被扶養配偶者となった際、健康保険被扶養者（異動）届兼国民年金第３号被保険者関係届を14日以内に夫の会社に提出すると、夫の会社が代行して年金事務所に提出してくれる、という仕組みです。

なお、第２号被保険者は、厚生年金保険の被保険者となるので国民年金の届出規定がありません。

年金の支給を受ける際の手続きは？

65歳になって老齢基礎年金などの受給権を取得した人は、厚生労働大臣に対して**裁定請求**を行います。具体的には、**裁定請求書**を年金事務所か街角の年金相談センターに提出します。

裁定とは、年金の受給権を取得した人に対して、事実確認をして受給権を確立すること。つまり、「あなたは年金がもらえるよ」というお墨つきを与えることをいいます。

裁定が行われた場合、**年金証書**と年金支給額などの記載がある**年金裁定通知書**が送られてきます。ただし、すでに老齢厚生年金の年金証書がある場合は、それで兼用されます。

国民年金の届出の流れ

第1号被保険者

自営業者・学生など

→ **市区町村長**

地元の市役所・区役所・町役場・村役場などの国民年金課で手続きをする

第3号被保険者

被扶養配偶者

→ **配偶者の事業主または共済組合**

→ **日本年金機構（厚生労働大臣）**

実際には、所轄の年金事務所に提出する

年金の受給権者

→ **日本年金機構（厚生労働大臣）**

実際には、年金事務所か街角の年金相談センターに提出する

※公務員および私立学校教職員の共済組合関係の届出は、別規定がある

ワンポイント

国民年金の届出は 14 日以内と覚えておこう！

第1号被保険者は市区町村長へ、第3号被保険者は厚生労働大臣（日本年金機構）へ、各種届出を14日以内に行うこととされています。

6 労務管理等 7 健康保険法 8 国民年金法 9 厚生年金保険法 10 社会保険等

重要度 ★★★

国民年金の「給付」の種類を知ろう

給付には、老齢・障害・死亡のほか、付加年金・寡婦年金などがあります

国民年金の給付は老齢、障害、死亡について行われます。それぞれ、老齢基礎年金、障害基礎年金、遺族基礎年金があります。

それ以外に、第１号被保険者期間の独自給付として、老齢基礎年金の上乗せとなる付加年金、夫に先立たれた未亡人に支給する寡婦（かふ）年金、第１号被保険者が死亡し遺族基礎年金が支給されない場合の死亡一時金、短期在留外国人への返還金制度である脱退一時金があります。

年金給付に関するさまざまなルール

年金の支給は、支給すべき理由が生じた日の属する月の翌月から始め、権利が消滅した日の属する月で終わる、とされています。

また、年金の支給は月割りにして「2月、4月、6月、8月、10月、12月の6期に、それぞれの前月までの分を支払う」とされています。

たとえば、9月に65歳に達したAさんの場合、老齢基礎年金の受給権は9月に発生し、その翌月の10月分から支給対象とされます。そして、10月分の年金は、11月分とあわせて12月に支給されます。そのため、Aさんが最初に老齢基礎年金を受け取れるのは、12月になります。

年金を受け取る際、異なる支給理由（たとえば、「老齢」と「障害」など）の年金が同じ人に生じた場合、一人一年金の原則に基づき、**いずれか選択した年金だけが支給**されます。ただし、老齢基礎年金と付加年金はつねに併給されます。

また、国民年金と厚生年金保険は、同一の支給理由（たとえば、老齢基礎年金と老齢厚生年金など）によるものは併給されます。65歳以降は、老齢基礎年金と遺族厚生年金、障害基礎年金と老齢厚生年金、障害基礎年金と遺族厚生年金の組み合わせで併給することができます（203ページ参照）。

国民年金の「給付」の種類

分類	給付の種類	年金の内容
老齢	老齢基礎年金	65歳から支給される、国民共通の老齢年金
	付加年金	老齢基礎年金に上乗せされる年金
障害	障害基礎年金	障害等級の１級、または２級に該当したときに支給される年金
死亡	遺族基礎年金	被保険者などが死亡し、配偶者と子、または子のみがあるときに支給される年金
	寡婦年金	第１号被保険者である夫が死亡したとき、婚姻期間10年以上の妻に60〜65歳まで支給される年金
	死亡一時金	第１号被保険者期間が３年以上の被保険者が死亡し、遺族基礎年金が支給されないときに支給される
その他	脱退一時金	被保険者期間６カ月以上の外国人が出国したときに請求できる

年金の支給ルール

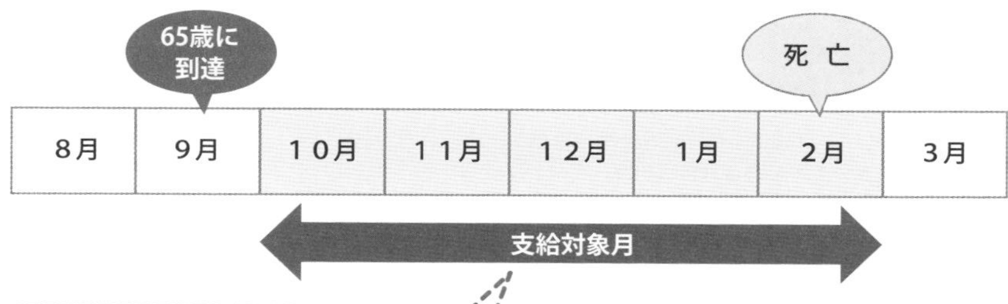

年金は支給理由の生じた日が属する月の翌月分から消滅した日が属する月分までの間、支給される

ワンポイント

「ねんきん定期便」はいつ送られてくるのか？

「ねんきん定期便」は、誕生月の2カ月前に作成されたものが誕生月に送られてきます。ただし、1日生まれの者は、誕生月の3カ月前に作成されたものが、誕生月の前月に送られてきます。

重要度 ★★★

老齢基礎年金とは？

納付期間などが10年以上の人が、
65歳になったらもらえる年金です

老齢基礎年金の受給権は、**保険料納付済期間と保険料免除期間を合算した期間が10年以上ある者が、65歳に達したときに発生**します。

この期間が10年に達しない場合には、「合算対象期間」（年金額の計算には反映されないが、受給資格期間としてはみなされるカラ期間）を合算して10年以上になれば、受給権が発生します。これがいわゆる10年年金です。

なお、学生の保険料納付特例や50歳未満の保険料納付猶予制度の期間は、受給資格を得るための期間としては算入されますが、年金額の計算の基礎とはされません。

老齢基礎年金の受給開始は65歳からですが、請求すれば60～65歳の間に繰り上げることができます（任意加入被保険者は除く）。ただし、繰り上げると最高で24%の減額となります。逆に、申し出により66～75歳までの間で繰り下げることもでき、この場合、最高で84%の増額となります。

「振替加算」とは？

「振替加算」とは、主に旧国民年金法（旧法）時代に強制被保険者とされていなかった厚生年金保険の被保険者の配偶者（たとえば専業主婦）など、制度的に**老齢基礎年金が低額となる世代の救済措置**として、老齢基礎年金に加算される額のことです。

たとえば、会社員だった夫に生計を維持されている妻（大正15年4月2日～昭和41年4月1日生まれ）の場合、夫の老齢厚生年金に配偶者加給年金額が加算されます。その状態で妻が65歳になり老齢基礎年金の受給権を得た際には、それまで夫の老齢厚生年金に加算されていた加給年金額の一部が、妻の老齢基礎年金に振替加算されるわけです。

老齢基礎年金の「受給要件」

支給に必要な期間	・保険料納付済期間＋保険料免除期間が、10年以上あること ・足りない場合は、合算対象期間を合算して10年以上あること ■合算対象期間とは…… 10年の期間には算入するが、年金額の計算には反映しない「カラ期間」のこと
年　齢	・65歳に達したこと

「振替加算」の例

加給年金額 → 振替加算

夫

1 老齢厚生年金で20年以上、または障害厚生年金の1、2級の受給権者である

2 夫の収入で生計を維持している妻がいるとき、夫の年金に加給年金額が加算される

妻

3 妻が65歳で老齢基礎年金の受給権を取得したとき、夫についていた加給年金額が、妻の老齢基礎年金に振替加算される

ワンポイント

離婚した場合、振替加算はどうなる？

振替加算された老齢基礎年金を受給している妻が、夫と離婚した場合でも、そのまま加算され続けます。

重要度 ★★★

障害基礎年金とは？

ケガや病気で心身に障害が残った場合に
支給される年金です

障害基礎年金の支給には、①障害の原因となったケガや病気の初診日が国民年金の被保険者である間か、または60歳以上65歳未満で国内に住所がある間であること、②障害認定日に障害等級が1級または2級に該当していること、③初診日の前日において、保険料納付要件を満たしていること、これら3つの要件を満たしていることが必要です。この支給要件3点セットは、障害厚生年金にも出てきます（208ページ参照）。

このうち、③の保険料納付要件とは、その者の全被保険者期間の3分の2以上が、保険料納付済期間か保険料免除期間になっている、ということです。つまり、**過去に保険料を滞納している時期があっても、その期間が全被保険者期間の「3分の1未満」であれば大丈夫**ということです。

また、③の保険料納付要件には例外があります。原則の要件を満たせなくても、初診日に65歳未満の者は、初診日の属する月の前々月までの**1年間に滞納期間がなければ、保険料納付要件を満たす**とされます。

その他、国民年金の被保険者でない20歳前の期間中に初診日がある者が、20歳に達した日（障害認定日が20歳以降にあるときは障害認定日）に障害等級1級または2級の状態である場合、福祉的な観点から、障害基礎年金が支給されます。これを20歳前障害といいます。

障害基礎年金はどう算出される？

障害基礎年金の給付額は、**障害等級2級が78万900円×改定率**、**障害等級1級は2級の1.25倍の額**となります。

障害基礎年金の受給権者に生計を維持している子がある場合は、1人目と2人目の子については22万4,700円×改定率、3人目からは7万4,900円×改定率の加算が行われます。これを子の加算といいます。

覚えておきたい「障害基礎年金」の基本用語

用　語	解　説
初診日	初めて医師または歯科医師の診療を受けた日
障害認定日	初診日から１年６カ月経過した日 （その期間中にその傷病が治った場合は、治った日）

障害基礎年金の３つの「支給要件」

「初診日」要件　初診日が、国民年金の被保険者である間か、または60歳以上65歳未満で国内に住所がある間であること

「障害認定日」要件　障害認定日に、障害等級が１級または２級であること

「保険料納付」要件　初診日の前日において、保険料納付要件を満たしていること

保険料納付済期間と保険料免除期間を合算した期間が、全被保険者期間の３分の２以上であること

例　外　初診日に65歳未満である場合は、前々月までの1年間に保険料の滞納期間がないこと

障害基礎年金の給付額

障害等級	給付額
１級	78万900円 × 改定率 × 1.25
2級	78万900円 × 改定率

子の人数	子の加算額
子1〜2人目	22万4,700円 × 改定率
子3人目〜	7万4,900円 × 改定率

子の加算となる要件

障害基礎年金の受給権者によって、生計を維持している①②の子※

① 18歳に達する日以後最初の3月31日までの間にある子

② 20歳未満で、障害等級１級または２級の状態にある子

※「生計を維持している子」とは、障害基礎年金の受給権者と生計を同じくする子であって、年収 850 万円以上の収入を有すると認められる子以外をいう

重要度 ★★★

遺族基礎年金とは？

被保険者などが死亡した際に、
一定の遺族に支給される年金です

遺族基礎年金は、①被保険者が死亡、②被保険者であった者で国内に在住し60歳以上65歳未満である者が死亡、③老齢基礎年金の受給権者（保険料納付済期間＋保険料免除期間＋合算対象期間が25年以上である者に限る）が死亡、④保険料納付済期間＋保険料免除期間＋合算対象期間が25年以上である者が死亡、のいずれかの要件に該当した場合、死亡した者の一定の遺族に支給されます。ただし、①と②については、一定の保険料納付要件が必要となります。

子のいない配偶者は遺族基礎年金の受給権者になれない

遺族基礎年金を受けることができる遺族は、**死亡した者によって生計を維持していた者**に限られます。

「生計を維持していた者」とは、死亡した者と生計を同じくしていた者であって、年間850万円以上の収入を将来にわたって得られると認められる者以外とされます。つまり、死亡した者と家計をともにしていて、今後、年収850万円以上を稼ぎ続ける見込みのない者であればよい、ということです。

遺族基礎年金の遺族の範囲は狭く、死亡した者の配偶者、または子（18歳の年度末までにある子か、20歳未満で障害等級1級または2級に該当する子）に限られます。ただし、配偶者は単独で遺族基礎年金を受けることはできず、**受給権者である子と生計を同じくしている**ことが必要です。

配偶者と子が遺族となった場合、同時に支給されるのではなく、子の遺族基礎年金が支給停止となり、全額が配偶者に支給されます。また、1人または複数の子が遺族として残された場合は、全体の額を等分してそれぞれが受給します。長男だから額が多いということにはなりません。

遺族基礎年金の対象となる「遺族」とは？

遺族基礎年金における「遺族」

- 死亡した者（被保険者など）の配偶者か、子（18 歳の年度末までにある子か、20 歳未満で障害等級 1 級または 2 級に該当する子）であること
- 死亡した者（被保険者など）の収入によって、死亡の当時、生計を維持していたこと
- 配偶者は子と生計を同じくしていること

配偶者に支給される遺族基礎年金は、すべての子が 18 歳の年度末（高校卒業年齢）、または 20 歳に達したとき、失権する

遺族基礎年金は、子のない妻（夫）には支給されません

遺族基礎年金の支給パターン

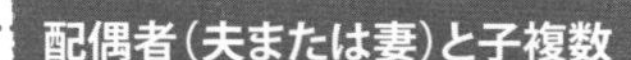

ワンポイント

被保険者の死亡当時、胎児であった子が生まれたら？

その場合、被保険者の死亡当時、その子はその者によって生計を維持していたものとみなされ、また配偶者は、被保険者の死亡当時、その子と生計を同じくしていたものとみなされます。

重要度 ★★★

付加年金と寡婦年金とは？

「付加年金」は、老齢基礎年金の上乗せ、「寡婦年金」は、遺された妻への年金です

付加年金は、第1号被保険者が月に400円の付加保険料を納付することで、**老齢基礎年金に上乗せして受けられる年金**です。

付加年金は、老齢基礎年金と同じ動きをします。老齢基礎年金の受給を繰り上げると付加年金も繰り上げられ、同率で減額されます。老齢基礎年金の受給を繰り下げると、付加年金も繰り下げられ、同率で増額されます。老齢基礎年金が全額支給停止されると、付加年金も支給停止されます。なお、付加年金の支給額は、年間で「200円×付加保険料納付済期間の月数」です。

寡婦年金は、65歳までの5年間の有期年金

寡婦（かふ）年金は、第1号被保険者としての保険料納付済期間と保険料免除期間の合計が10年以上ある夫が、自分自身の老齢基礎年金や障害基礎年金を受けることなく死亡した場合に、夫の死亡の当時、その夫によって生計を維持していた、婚姻期間が10年以上ある妻に支給されます。

寡婦年金の額は、夫が受けるはずであった老齢基礎年金額の4分の3に相当する額です。死亡した夫が付加保険料を納付していても、その分の加算はありません（覚え方：「寡婦に付加なし」）。

寡婦年金の支給期間は、夫の死亡の当時、60歳以上の妻は、夫の死亡した月の翌月から65歳に達するまでの間、夫の死亡の当時、60歳未満だった妻は60歳到達月の翌月から65歳に達するまでの間です。つまり、寡婦年金は60歳から65歳までの5年間の有期年金なのです。

寡婦年金の受給権者である妻が再婚したときや老齢基礎年金を繰り上げ受給した場合、寡婦年金は消滅します（覚え方：「繰り上げて寡婦消える」）。老齢基礎年金を繰り上げて受給すると、年金の制度上65歳になっていなくても、65歳になったものとして取り扱われるからです。

「付加年金」の仕組み

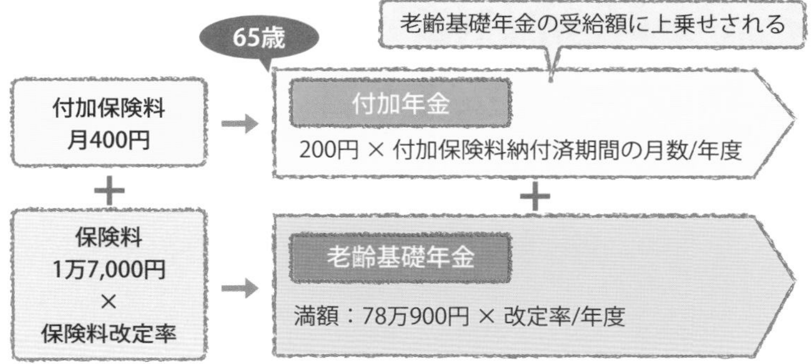

「寡婦年金」について

死亡した夫の要件

① 第１号被保険者としての保険料納付済期間と保険料免除期間を合算した期間が、10年以上であること

② 老齢基礎年金または障害基礎年金を受けたことがないこと

遺された妻の要件

① 夫の死亡の当時、夫によって生計を維持していたこと

② 死亡した夫との婚姻期間が10年以上あること

③ 65歳未満の妻であること

婚姻期間が 10 年以上の妻に支給される寡婦年金は、亡くなった夫からの「スイート・テン(10)」です

寡婦年金の給付額
夫の第１号被保険者期間にかかる老齢基礎年金の額の４分の３

ワンポイント

遺族基礎年金と寡婦年金が重複した場合は？

遺族基礎年金と寡婦年金が重複した場合は、いずれかを選択受給することになります。ただし、遺族基礎年金が終了した後で寡婦年金を受給することは可能です。

重要度 ★★★

死亡一時金と脱退一時金とは？

死亡一時金は、ほかに給付がないときに支給され、脱退一時金は短期在留外国人への返還金制度です

国民年金保険料を払っていたにもかかわらず、何ら還元されない場合があります。たとえば、遺族基礎年金の支給を受けることができる配偶者は、子と生計を同じくしていることが必要です。そのため、子のいない配偶者や独身者が死亡した場合、遺族基礎年金は支給されません。そこで設けられているのが死亡一時金です。**死亡一時金は、ほかに給付が何も出ないときに支給**される、「掛け捨て防止」のための給付です。

死亡一時金は、①第１号被保険者としての保険料納付済期間と保険料免除期間（全額免除期間を除く）を合算した期間が３年（36カ月）以上ある者が、②生前に老齢や障害の年金を受けることなく死亡し、遺族基礎年金が支給されない場合に支給されます。受給できる遺族の範囲は、死亡した者と生計を同じくしていた、配偶者、子、父母、孫、祖父母、兄弟姉妹です。支給額は最低12万～最高32万円です。

「脱退一時金」の請求要件とは？

国民年金には国籍要件がないため、要件を満たしていれば外国人でも被保険者になります。そうした外国人が、**老齢基礎年金の支給要件である10年を満たさずに帰国する場合、「脱退一時金」を請求**できます。

請求要件は、①第１号被保険者としての保険料納付済期間などが６カ月以上あること、②外国人であること、③被保険者でないこと、④老齢基礎年金の受給資格期間を満たしていないこと、の４つです。

ただし、これらの要件を満たしていても、①日本国内に住所がある、②障害基礎年金などの受給権を有したことがある、③最後に被保険者の資格を喪失した日（その時点で日本に住所があるときは、住所がなくなった日）から起算して２年を経過している、という場合は請求できません。

「死亡一時金」のポイント

支給の要件	① 第1号被保険者としての保険料納付済期間などが3年以上ある ② 死亡した者が、老齢基礎年金または障害基礎年金の支給を受けたことがない
給付額	**最低12万～最高32万円**
注意！	● 同一人の死亡について、遺族基礎年金を受けることができる遺族がいる場合、死亡一時金は支給されない ● 死亡一時金を受けることができる者が、同時に寡婦年金を受けることができる場合は、いずれかの選択となる （覚え方：「寡婦は一時におセンタク〈選択〉」）

「脱退一時金」請求のポイント

請求要件	①第1号被保険者としての保険料納付済期間などが6カ月以上ある ②外国人である ③被保険者でない ④老齢基礎年金の受給資格期間を満たしていない
請求できない場合	**上の①～④を満たしても、次の①～③に該当する場合は請求できない** ①日本国内に住所がある ②障害基礎年金などの受給権を有したことがある ③最後に被保険者の資格を喪失した日（その時点で、日本に住所があるときは、住所がなくなった日）から起算して、2年を経過している

ワンポイント

試験によく出てくる「脱退一時金」の覚え方

脱退一時金を請求できる要件の覚え方は、「6カ月以上の外国人が、被保険者でなく、老齢の受給権がない」。一方、請求できない要件については、「国内住所、障害受給権、2年経過」で覚えましょう。

重要度 ★★★

国民年金の「給付制限」

故意に直接の原因をつくった場合には、障害年金の支給はありません

健康保険や年金保険などにおいては、保険事故が故意や犯罪などによって起こされた場合に、給付制限といって、保険の支給について一定の制限をかけます。**国民年金と厚生年金保険の給付制限は、基本的には共通**しています。また、年金という点において、**労災保険とも一部が共通**しています。

故意とは、自分の行為が必然的にそうなることを知っていながら、あえて行うことです。

たとえば、故意に、障害またはその直接の原因となった事故を生じさせた者の場合、その障害についての「障害基礎年金」は支給されません。また、「遺族基礎年金」「寡婦年金」「死亡一時金」の死亡給付は、被保険者を故意に死亡させた者には、支給されません（絶対的給付制限）。

つまり、「知っていて、わざと障害の原因をつくった者や、被保険者を死亡させた者には、そのことによって年金は一切出さない」ということです。

「裁量的給付制限」とは？

また、①故意の犯罪行為、②重大な過失、③正当な理由がなく療養に関する指示に従わないことで、障害となったり、その原因となった事故を生じさせたり、障害の程度を増進させたという場合、そのことを支給事由とする給付は、その全部または一部を行わないことができます（裁量的給付制限）。

たとえば、自分勝手に医師の指示に従わないことで障害が悪化したような場合などがそれで、いってみれば自業自得なので、障害基礎年金の給付に制限がかかってしまうのです。

その他にも、受給権者が命令に従わない場合の全部または一部支給停止や正当な理由なく提出物を出さない場合の一時差止めなどがあります。

国民年金の「給付制限」の種類

故意	●「故意に障害、直接の原因を発生させた」 ●「故意に（被保険者を）死亡させた」 ●「故意に（他の受給権者を）死亡させた」	➡	支給しない・受給権消滅
故意の犯罪 重過失 指示に従わない	●「故意の犯罪行為」 ●「重大な過失」 ●「正当な理由なく療養の指示に従わない」	➡	給付の全部または一部を行わないことができる
命令違反	●「提出命令に従わない」 ●「受診命令に従わない」 ●「診断を拒んだ」	➡	全部または一部につき、支給を停止することができる

※「全部または一部につき、支給停止」とは、その月の年金の全部を払わないか、またはその一部を払わないこと

届出忘れ 提出忘れ	●「届出をしない」 ●「提出をしない」	➡	一時差し止めることができる

※「一時差止め」の場合、差止め事由が解消すれば、差し止められていた年金は全額支給される

給付制限の内容を覚えるコツは、上図のように、「故意→支給しない」など、セットで覚えてしまうことです！

ワンポイント

「給付制限」は、国民年金、厚生年金保険、労災保険で共通点が多い

「故意」の場合の「支給しない」、「故意の犯罪行為、重大な過失、正当な理由なく療養に関する指示に従わない」場合の「全部または一部を行わないことができる」は、国民年金、厚生年金、労災保険ともにほぼ共通です。

重要度 ★★★

11 保険料免除制度とは？

「第１号被保険者」には
保険料の免除制度があります

国民年金保険料の支払いが困難な**第１号被保険者**のために、保険料の免除制度があります。原則となる保険料免除制度の種類は７つで、**法定免除**、**申請全額免除**、**申請４分の３免除**、**申請半額免除**、**申請４分の１免除**、**学生の保険料納付特例**、**50 歳未満の保険料納付猶予制度**があります。

法定免除とは？

法定免除とは、法律上当然に保険料が免除される制度のことです。障害等級の１級または２級に該当した者や、生活保護法の生活扶助を受けている者は法定免除となります。

ただし、障害による法定免除は障害が軽減して３級にも該当しなくなり、不該当のまま３年が経過した場合は免除の対象外となります。

申請免除とは？

法定免除以外の免除は、第１号被保険者本人からの**申請**が必要です。申請免除には、保険料の全額が免除となる申請全額免除、学生の保険料納付特例、50 歳未満の保険料納付猶予制度、保険料の一部が免除となる申請４分の３免除、申請半額免除、申請４分の１免除があります。

第１号被保険者の「産前産後の保険料免除制度」とは？

国民年金第１号被保険者について、出産予定月の前月（多胎妊娠の場合は３カ月前）から、出産予定月の翌々月までの期間に係る保険料は免除となります。**この期間は、保険料を納付した期間と同じ扱いとなり、将来の年金給付の際にも、納付済期間としてカウント**されます。

保険料免除制度の内容

種類	特徴	年金額への反映
法定免除	障害等級 1、2 級の者や生活扶助者が対象 （申し出により納付できる）	2分の1
申請全額免除	それぞれの免除の割合に応じて、所得要件がある	
申請4分の3免除		8分の5
申請半額免除		4分の3
申請4分の1免除		8分の7
学生の保険料納付特例	学生のみ対象 所得要件がある	年金額への反映はない。10年の資格期間には通算される
50歳未満の保険料納付猶予制度	50歳未満が対象 所得要件がある	

産前産後の保険料免除制度…納付済期間と同じ扱い

免除期間（前月〜翌々月）

3カ月前	前々月	前　月	出　産 予定月	翌　月	翌々月

多胎妊娠の場合の免除期間（3カ月前〜翌々月）

ワンポイント

追納とは？

後から免除された保険料を納付することを「追納」といいます。
追納は免除から10年以内に行うことができます。

重要度 ★★☆

年金積立金は誰が運用する？

年金積立金管理運用独立行政法人によって運用されています

年金保険料の積立金を運用しているのは、年金積立金管理運用独立行政法人（通称 GPIF）です。年金は**厚生労働大臣が年金積立金として GPIF に直接預けて運用**しています。これを自主運用といいます。

国が莫大な年金積立金の管理や運用を行うと、①行政の権力が強くなりすぎる、②運用の専門家を集めることが難しい、③国による企業支配につながる、などの問題があるため、国とは別の組織が運用を行っています。

現在、基礎年金（老齢基礎年金、障害基礎年金、遺族基礎年金）の給付については、その額の２分の１が国庫負担となっています。国庫負担とは、国が事業に対して補助するお金のことで、基礎年金の国庫負担金は主に消費税を財源としています。

会社員や公務員の場合は、厚生年金保険料として集められた額から基礎年金の給付に充てる部分だけを取り出して基礎年金拠出金という名目で、年金特別会計の基礎年金勘定に拠出しています。この基礎年金拠出金の額の2分の1が、国庫負担となっています。

「保険料改定率」で物価などに合わせて保険料を微調整

第1号被保険者が支払う国民年金の保険料は、平成16年改正のときに決まった法定水準額に保険料改定率を掛け算して算出します。この法定水準額は平成31年4月から1万7,000円となりました。

保険料改定率とは、物価や賃金の動きによって算出された率のことで、固定化されている1万7,000円に掛け算することで、経済的指標を反映させるという目的があります。つまり、「1万7,000円を、物価や賃金の動きに合わせて微調整する」ということです。

年金積立金運用の仕組み

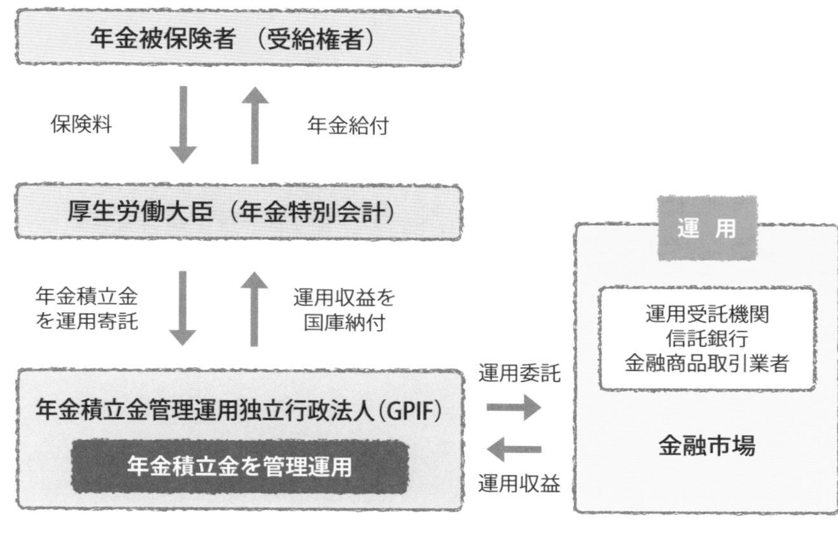

基礎年金に対する国庫負担

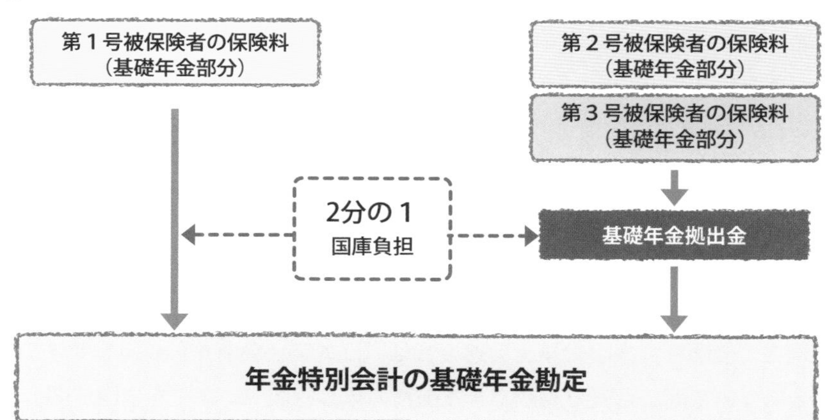

ワンポイント

第１号被保険者の保険料は連帯責任！

世帯主とその配偶者は、その世帯に属する第１号被保険者の保険料を連帯して納付する義務を負っています。

一生のやりがいとなる「年金相談」の業務

平成に入るとバブル経済が崩壊する一方、平均寿命は延び続け、老齢厚生年金の支給開始は65歳からとされました。あわせて高年齢者法が改正され、65歳までの継続雇用が企業の義務となりました（134ページ参照）。

さらに、すでに社会保障集中検討会議の審議の場において、有識者委員や各団体、報道機関などから、支給開始年齢の引上げを検討すべきとの意見が強く出され、老齢厚生年金の支給開始年齢を68歳まで引き上げるかが議論されています。議論の根拠は平均寿命の延びです。寿命が延びたのだから、働く年齢も延ばして、それにともない年金の支給開始年齢も先送りしていいのではないか、という意見です。

そうすると、次にくるであろう議論は、「年金70歳支給開始論」です。つまり、60歳から10年ぐらいは働かなければならない時代が来つつあるということです。では、自分が60代、70代になったときに仕事で活躍することができるのか、仕事に生きがいを見出すことができるのか——。

そう考えると、社労士の仕事はかなり有望だと思います。社労士は年金に関わることができる唯一の国家資格です。年金の仕事は、シニア世代が相手となるので年齢によるギャップはありません。むしろ若い相談員より、落ち着いた熟年の相談員のほうが安心できるということもあります。

現在、全国社会保険労務士会連合会は、日本年金機構から委託を受けて、年金について面談形式で相談できる街角の年金相談センターを全国展開しています。相談員は、教育を受けた社労士が請け負っています。電話やネット相談ではいまひとつよくわからないことが、国家資格を持った社労士に無料で相談できるというシステムです。

年金相談は複雑で知的な業務です。それをいくつになっても続けられる社労士という職業は、とてもやりがいのあるものだと私は感じています。社労士の未来、それはかなり明るいといえるでしょう。

第9章

厚生年金保険法

勉強のコツ!

「2階建て年金」を意識して学習しましょう。
100%わからなくても、
先に進んで全体の理解度を上げてから
復習するのがコツです。

重要度 ★★★

厚生年金保険の「被保険者」とは？

原則として、厚生年金保険の適用事業所で働く70歳未満の者です

厚生年金保険が適用されている事業所で働いている70歳未満の者は、アルバイトや勤務時間の短いパートタイマーなどの適用除外者を除いて**当然被保険者**となります（厚生年金保険法）。また、**個人経営の農業や接客娯楽業などの、厚生年金保険の適用事業所となっていない事業所で働いている者**は、個別に**任意単独被保険者**となることができます。

任意単独被保険者となるためには、厚生労働大臣の認可を得る必要がありますが、そのためには先に自分の勤務先の事業主の同意を得ることを要します。これは、任意単独被保険者の保険料について、事業主が半分を負担し、本人分とあわせて保険料を納付することについての同意です。

厚生年金保険の被保険者とされるのは、70歳未満です。そこで、**70歳に達しても老齢年金の受給権がない人**については、その救済措置として**高齢任意加入被保険者制度**があります。

どのようなケースが当てはまるかというと、たとえば、自営業で第1号被保険者であった者が、その期間のほとんどの保険料を滞納し、その後、会社勤めをしたなどの場合です。

一元化された共済年金と厚生年金保険

平成27年10月1日に、それまで厚生年金保険とは別の年金制度として運営されていた公務員と私立学校教職員の共済年金が、厚生年金保険に一元化されました（170ページ参照）。

それにともない、現在、民間企業の被保険者を**第1号厚生年金被保険者**、国家公務員を**第2号厚生年金被保険者**、地方公務員を**第3号厚生年金被保険者**、私立学校の教職員を**第4号厚生年金被保険者**という種別に分類しています。

厚生年金保険の「適用事業所」とは？

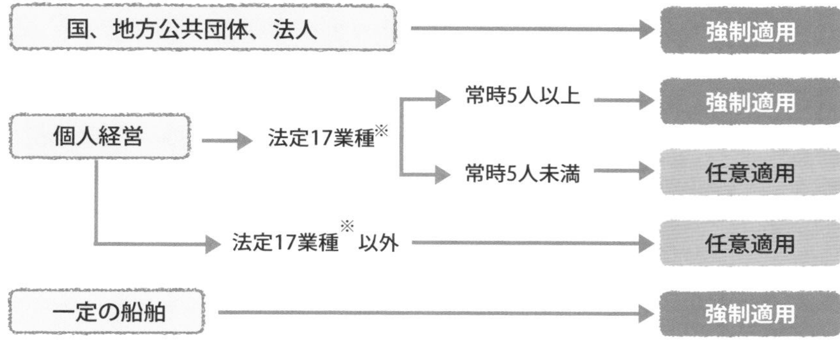

※法定17業種：一次産業・接客娯楽業・宗教業以外のすべての業種が該当する

令和4年10月より、常時5人以上の個人の士業は適用事業所となりました

厚生年金保険の「被保険者」の種類

	70歳未満	70歳以上で老齢年金の受給権がない者
適用事業所	当然被保険者	高齢任意加入被保険者 実施機関に申し出
適用事業所以外	任意単独被保険者 事業主の同意と厚生労働大臣の認可が必要	高齢任意加入被保険者 事業主の同意と厚生労働大臣の認可が必要

厚生年金保険の実施機関の違いによる「被保険者」の種別

種　別	被保険者となる者	実施機関
第1号厚生年金被保険者	民間企業の被保険者	厚生労働大臣
第2号厚生年金被保険者	国家公務員	国家公務員共済組合 国家公務員共済組合連合会
第3号厚生年金被保険者	地方公務員	地方公務員共済組合 全国市町村職員共済組合連合会 地方公務員共済組合連合会
第4号厚生年金被保険者	私立学校教職員	日本私立学校振興・共済事業団

重要度 ★★★

02 厚生年金の標準報酬月額はどう決まる？

健康保険よりも「標準報酬月額」の幅が狭く設定されています

厚生年金保険の保険料は、健康保険と同じく、毎年7月1日を基準に行われる**定時決定**によって決められた**標準報酬月額**に基づいて算出されます。

ただし、健康保険の標準報酬月額の範囲が、最低5万8,000円（第1級）〜最高139万円（第50級）であるのに対して（156ページ参照）、厚生年金保険の標準報酬月額の範囲は、最低8万8,000円（第1級）〜最高65万円（第32級）と狭くなっています（令和5年7月現在）。この理由は、厚生年金保険の場合、標準報酬月額が将来の年金額の基になるからです。

たとえば、老齢厚生年金の支給額は、自分が納めた保険料の基になった標準報酬月額と標準賞与額の合算額の平均額（**平均標準報酬額**）を基に算出されます。そのため、**標準報酬月額が低すぎると将来の年金の額が低すぎ**てしまい、逆に**標準報酬月額が高すぎると将来の年金額が高くなりすぎ**てしまいます。そこで標準報酬月額の幅を狭くしているわけです。

また、健康保険制度の**標準賞与額**は、年度の累計を573万円までとしていますが、厚生年金保険では月ごとに150万円を上限としています。

年度の途中で昇給などがあったら「随時改定」で対応

標準報酬月額は年に1回実施される定時決定で決まると述べましたが、年度の途中で昇給などがあって、報酬の額が変更された場合はどうすればよいのでしょうか。その場合は**随時改定**を実施します。随時改定は、昇給後連続する3カ月間に支給された報酬額の平均に基づいて算出した標準報酬月額と、今までの標準報酬月額との間に、原則として2等級以上の差が生じたときに行います。

ただし、これが行えるのは、基本給や手当などの固定的賃金の変更があった場合に限ります。

厚生年金保険と健康保険の「標準報酬月額」の比較*（令和5年7月現在）

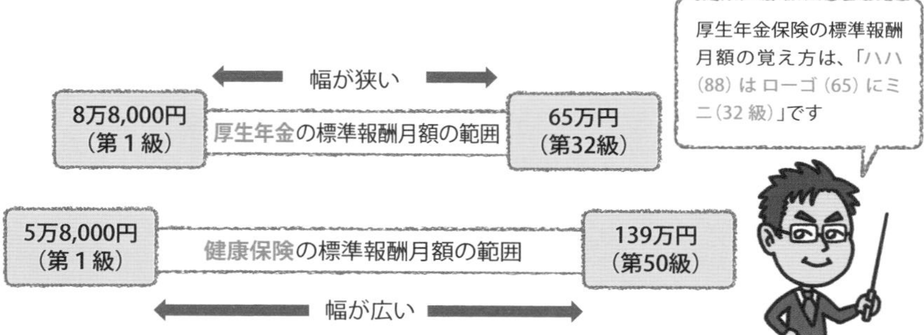

報酬額の変化にともなう改定の種類（厚生年金保険・健康保険共通）

随時改定	期間の途中で、昇給や降給があり、固定的賃金に変動があった場合
育児休業等終了後改定	育児休業などを終了し、職場復帰して時間短縮勤務などで報酬が低下したような場合
産前産後休業終了後改定	産前産後休業を終了し、職場復帰して時間短縮勤務などで報酬が低下したような場合

随時改定の仕組み（厚生年金保険・健康保険共通）

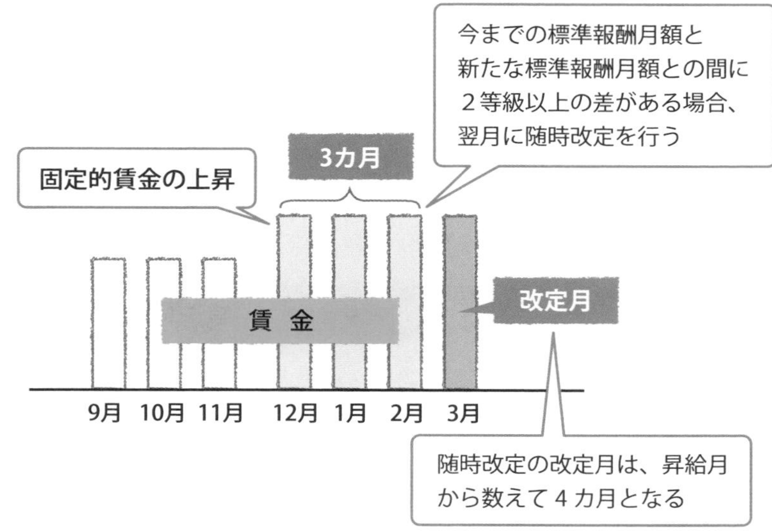

重要度 ★★★

厚生年金保険の届出の流れとは？

協会けんぽでは、健康保険と厚生年金保険の届出先は同じです

会社を設立して、初めて厚生年金保険の適用事業所となった場合、5日以内に新規適用届を日本年金機構（実際は所轄の年金事務所）に提出します。従業員を採用したら、協会けんぽの適用事業所ならば、日本年金機構に、健康保険の届出と一緒に健康保険・厚生年金保険被保険者資格取得届を提出します。健保組合の適用事業所ならば、健康保険は健保組合に、厚生年金保険は年金事務所に、と別々に届出をします。

「3歳未満の子の養育特例」とは？

厚生年金保険独自の届出として、3歳未満の子を養育する被保険者等の標準報酬月額の特例（以下、3歳未満の子の養育特例）があります。

これは、育児休業などを終了した被保険者が仕事に復帰し、子育て期間の時間短縮勤務で標準報酬月額が低下した際、**子どもが3歳になるまで、時間短縮勤務をする前の標準報酬月額**（従前標準報酬月額）を将来の老齢厚生年金額の計算の基礎とする、という特例です。

たとえば、従前標準報酬月額が30万円だった者が仕事に復帰し、時短勤務で20万円となった場合、子どもが3歳になるまで、老齢厚生年金の額の計算については、20万円ではなく従前標準報酬月額の30万円で計算されるわけです。ただし、保険料額は今の20万円に基づきます。

老齢厚生年金の支給額は、標準報酬の平均額である平均標準報酬額を基に計算するため、時短勤務で標準報酬月額が低下すると、将来もらえる年金の額が減ってしまいます。そうした事態を避けるために、この特例があるわけです。

この特例の適用を受けるためには、被保険者本人が事業主を通じて実施機関に申し出ることが必要です。

厚生年金保険の届出

届出者	期限	届出先
厚生年金適用事業所 事業主	原則5日以内	日本年金機構（所轄の年金事務所）
厚生年金適用 船舶所有者	原則10日以内	日本年金機構（所轄の年金事務所）
年金受給権者	原則10日以内	日本年金機構（所轄の年金事務所）
国家公務員 地方公務員 私立学校教職員	それぞれ	各共済組合 日本私立学校振興・共済事業団

厚生年金の届出期限は、原則として、「事業所5日、船10日、受給権者10日」と覚えましょう！

「3歳未満の子の養育特例」とは？

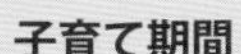

子育て期間

時間短縮勤務で報酬月額が低下

3歳未満の子の養育特例

時間短縮勤務をする前の標準報酬月額を老齢厚生年金額の計算の基礎にする

子が3歳まで

- 将来の年金は減らない
- 保険料は低下する

ワンポイント

事業主が届出をしない場合の罰則は？

正当な理由がなく、資格取得届などの被保険者に関する届出をしない場合、事業主は、6カ月以下の懲役または50万円以下の罰金に処せられます。

重要度 ★★★

厚生年金保険の「給付」の種類

給付には、老齢・障害・死亡のほか、脱退手当金や脱退一時金があります

厚生年金保険の保険給付は、国民年金と同じく老齢、障害、死亡について行われます。老齢については、60歳から65歳の間で経過的に支給される60歳台前半の老齢厚生年金と、65歳からの2階部分として支給される老齢厚生年金があります。障害については障害厚生年金と障害手当金が、死亡については遺族厚生年金があります。

それ以外に、旧厚生年金保険法の経過措置である脱退手当金、短期在留外国人の返還金制度である脱退一時金があります。

年金の給付は、国民年金と同じで、**前２カ月分を偶数月に支給**します。

原則、厚生年金保険同士の併給はできない

国民年金と同じく、厚生年金も1人に対して複数の年金受給権が発生した場合、一人一年金の原則です(176ページ参照)。その場合、厚生年金保険同士の調整と、厚生年金保険と国民年金との調整を分けて考えます。

厚生年金保険の受給権者に、別の理由による厚生年金保険が発生した場合、まず双方の年金を支給停止にして、いずれかを選択して支給を受けることになります。例外として、65歳以降、**老齢厚生年金と遺族厚生年金は併給**できます。この場合、老齢厚生年金を優先支給し、遺族厚生年金の支給はその額から老齢厚生年金相当額を差し引いた額になります。

国民年金と厚生年金保険については、**同一の支給理由であれば２階建ての併給**になります。一方、異なる支給理由の場合は、65歳未満は一人一年金の原則で併給はできません。

65歳以上は「老齢基礎年金と遺族厚生年金」「障害基礎年金と老齢厚生年金」「障害基礎年金と遺族厚生年金」の組み合わせで併給できます(176ページ参照)。

厚生年金保険の「給付」の種類

分類	給付の種類	年金の内容
老齢	60歳台前半の老齢厚生年金	60歳から65歳までの間に経過的に支給される年金で、男女、生年月日などによって支給開始年齢が異なる
	老齢厚生年金	65歳から支給される年金で、2階部分の「報酬比例部分」（207ページ参照）の年金
障害	障害厚生年金	障害等級の1～3級に該当したときに支給される年金
	障害手当金	軽い障害が残った場合に支給される一時金
死亡	遺族厚生年金	被保険者などが死亡し、生計を維持している一定の遺族があるときに支給される年金
その他	脱退手当金	旧厚生年金保険法の経過措置としての返還金制度
	脱退一時金	短期在留外国人の返還金制度

厚生年金保険と国民年金の「併給の調整」

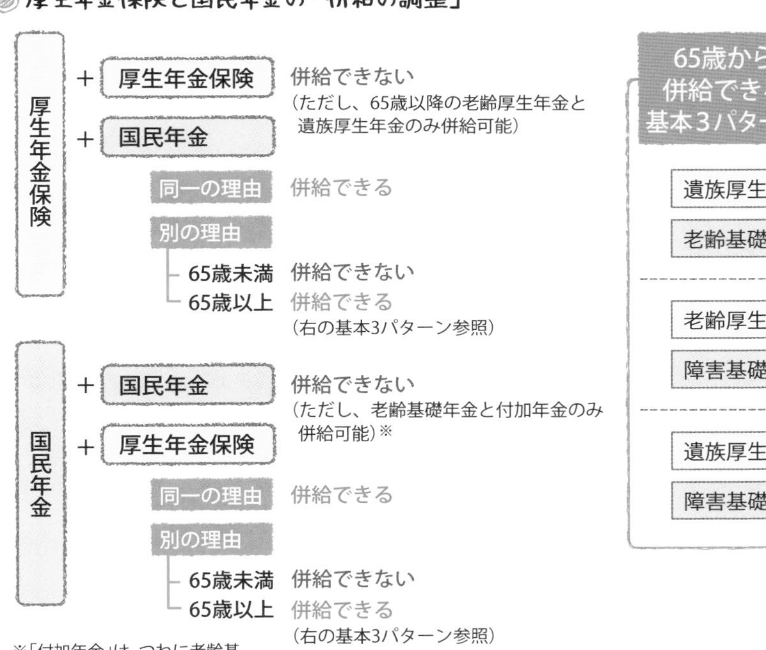

※「付加年金」は、つねに老齢基礎年金とセットで支給される

重要度 ★★★

60歳台前半の老齢厚生年金とは？

60歳から65歳への支給開始年齢引上げで生まれた年金です

老齢厚生年金の支給開始は、昭和60年の法改正により、それまでの60歳から65歳となりました。そこで、**60歳から65歳前までの間を埋める年金**として60歳台前半の老齢厚生年金（特別支給の老齢厚生年金）ができました。その後、平成6年の法改正により定額部分の支給開始年齢を段階的に遅らせて廃止し、平成12年の法改正では報酬比例部分の支給開始年齢を段階的に遅らせて廃止することとなりました。

昭和36年4月2日以後生まれの男性からは、原則65歳支給

平成6年の改正前は、定額部分と報酬比例部分を合わせた額の年金が60歳から支給されていました。それが平成6年の改正により、昭和16年4月2日以後生まれの者からは、生年月日が2年遅れるごとに定額部分の支給開始年齢を61～64歳へと1歳ずつ遅らせていくことになりました（民間企業で雇用される女性については、その開始年齢の引上げが、男性よりも5年遅れで開始)。

ちなみに、生計を維持している65歳未満の配偶者、または18歳の年度末までの子（障害等級1、2級の場合は20歳未満）がある場合に加算される加給年金額の支給開始も、定額部分と合わせます。

さらに、平成12年の法改正では、2階部分の報酬比例部分についても、定額部分の支給がなくなった後から、生年月日が2年遅れるごとに、支給開始年齢を61～64歳へと1歳ずつ遅らせていき、最終的には廃止することが決定しました。

これにより、昭和36年4月2日以後生まれの者（第1号厚生年金被保険者だった女性は、その5年遅れの昭和41年4月2日以後生まれの者）には、「60歳台前半の老齢厚生年金」は支給されないことになりました。

「60歳台前半男性の老齢厚生年金」の段階的廃止の全体像

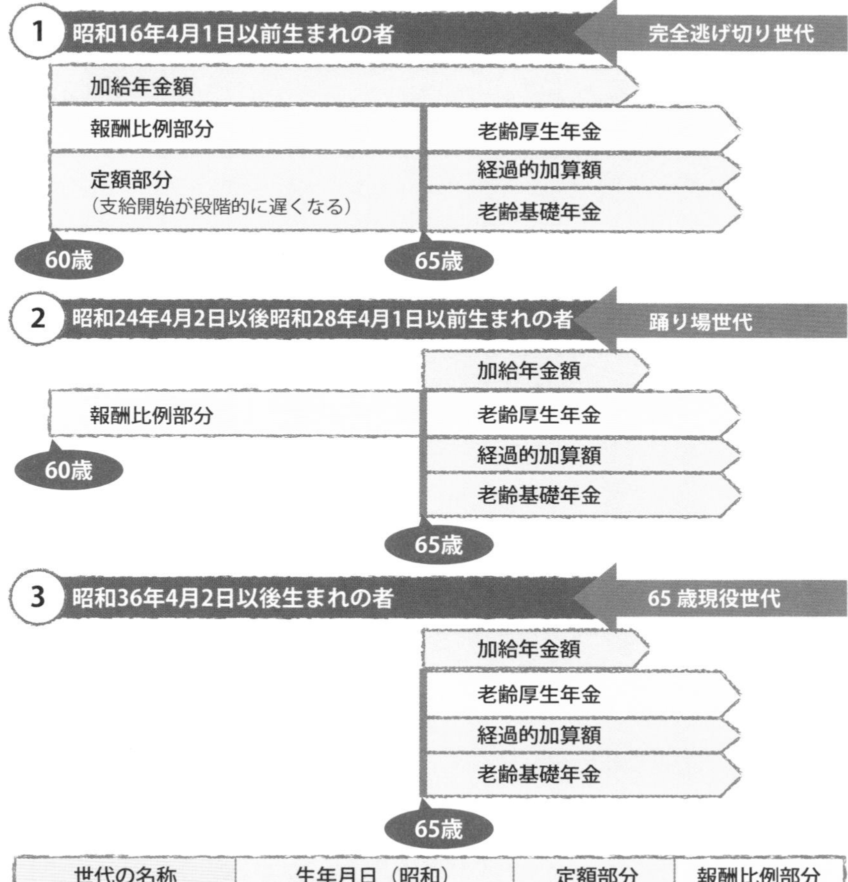

世代の名称	生年月日（昭和）	定額部分	報酬比例部分
完全逃げ切り世代	16年4月1日以前	60歳から	60歳から
下階段の世代	16年4月2日～24年4月1日	61～64歳	60歳から
踊り場世代	24年4月2日～28年4月1日	なし	60歳から
上階段の世代	28年4月2日～36年4月1日	なし	61～64歳
65歳現役世代	36年4月2日以後	なし	なし

「第1号厚生年金被保険者」であった女性は、経過措置が5年遅れるため、生年月日に「+5年」した年代となる

重要度 ★★★

06 老齢厚生年金はどうやって計算する？

年金額の計算方法は、平均標準報酬額×給付乗率×被保険者期間の月数

日本の年金制度は、国民年金を基礎年金とし、厚生年金保険をそこに上乗せする２階建て年金になっています。老齢厚生年金はその２階部分に当たります。**支給される額は、「平均標準報酬額×給付乗率×被保険者期間の月数」で計算**します。

平均標準報酬額とは、過去の標準報酬月額と標準賞与額にそれぞれ再評価率（物価や賃金の変動に合わせて、過去の標準報酬を現在の価格に直すための率）を掛け算し、それらの額を合計したものを被保険者期間の月数で割って算出した平均額のことです。つまり、生涯年収の１カ月分の平均額のことです。

給付乗率は、平成15年4月1日前が1,000分の7.125、それ以後が1,000分の5.481と異なります。平成15年4月から社会保険の総報酬制が導入されたためです。総報酬制の導入で、賞与も月150万円を上限として年金額の基となる平均標準報酬額に算入することとなりました。その結果、それまでの1,000分の7.125で掛け算をしてしまうと、その支給額が多くなりすぎてしまいます。そこで1,000分の5.481まで下げたのです。

被保険者期間の月数とは、被保険者が厚生年金保険の資格を取得した日の属する月から、資格を喪失した日の属する月の前月までの期間です。

「経過的加算額」とは？

65歳になって、計算上、60歳台前半の老齢厚生年金の定額部分に相当する額と老齢基礎年金の額に差があるときは、その差額を老齢厚生年金に加算します。この額を経過的加算額といいます。なお、60歳台前半で定額部分が支給されない者で、65歳に達して老齢厚生年金の受給権を取得した際、一定の配偶者または子がある場合には、加給年金額が支給されます。

「老齢厚生年金」の全体像

加給年金額
生計を維持している 65 歳未満の配偶者、または 18 歳の年度末（1、2 級障害の場合は 20 歳未満）までの子があるときに加算

60歳	65歳
報酬比例部分 平均標準報酬額 × 給付乗率 × 被保険者期間の月数	**老齢厚生年金** 平均標準報酬額 × 給付乗率 × 被保険者期間の月数
定額部分 1,628円 × 改定率 × 被保険者期間の月数 （20歳前および60歳以後も含む）	**経過的加算額** **老齢基礎年金** 20～60歳までの 被保険者期間を基礎とした額

覚えておきたい「老齢厚生年金」の基本用語

用語を覚えるコツは、「漢字の意味」から考えること！

用　語	解　説
報酬比例部分	名前の通り、被保険者であったときの報酬を基に支給される部分。報酬が高く保険料を多く納付した人ほど高くなる
定額部分	65歳からの「老齢基礎年金」に相当する部分
平均標準報酬額	被保険者のときの、標準報酬月額と標準賞与額に「再評価率」を掛けたものを合算して、全被保険者期間の月数で割った平均額
給付乗率	・平成15年4月1日前（総報酬制導入前）：1,000分の7.125 ・平成15年4月1日以後（総報酬制導入後）：1,000分の5.481 総報酬制導入後は賞与からも保険料を徴収して年金額に反映
再評価率	物価や賃金の変動による報酬額の水準の変動を現在額にする率
改定率	物価や賃金の変動を基に、給付額を調整するための率。 主に国民年金で使用

重要度 ★★★

障害厚生年金の支給要件とは？

障害厚生年金と障害基礎年金には多くの共通点があります

障害厚生年金の仕組みには、国民年金の障害基礎年金と共通する部分が多くあります。

たとえば、両者とも、**その支給には、「初診日」「障害認定日」「保険料納付」の３つの要件（支給要件３点セット）を満たす**必要があります（180ページ参照）。

他の共通点として、たとえば、先述の支給要件３点セットを満たしていなくても、事後重症（障害認定日に障害等級に該当せず、その後65歳の前日までに障害等級に該当した場合）や、基準障害（複数の障害を併合して初めて障害等級２級以上に該当した場合）については、ともに支給が認められます。また、併合認定や額の改定というルールもともに規定されています（右ページ参照）。

一方、異なる部分もあり、たとえば、障害基礎年金の障害等級が１級と２級なのに対して、障害厚生年金の障害等級は１級、２級、３級となります。

また、厚生年金保険独自のものとして、傷病が５年以内に治って年金の対象とならない軽度の障害が残った場合に、一時金として支給される障害手当金という制度があります。

障害基礎で子に加算、障害厚生で配偶者に加給

障害基礎年金では、受給権者によって生計を維持している一定の子がある場合、子の加算額が加算されます。

一方、障害厚生年金では、受給権者（障害等級１級または２級に限る）に、生計を維持する65歳未満の配偶者がある場合、「22万4,700円×改定率」の加給年金額が加算されます（覚え方：「1階部分で子に加算、2階部分で配偶者に加給」）。

「障害厚生年金」と「障害基礎年金」の支給要件など

	障害厚生年金	障害基礎年金
「初診日」要件	初診日に被保険者であること	① 初診日に被保険者であること ② 被保険者であった者で、国内在住、60歳以上65歳未満であること
「障害認定日」要件	障害等級が1級、2級、3級に該当	障害等級が1級、2級に該当
「保険料納付」要件	初診日の前日において、初診日の属する月の前々月までの被保険者期間について、保険料納付済期間と保険料免除期間を合算した期間が、3分の2以上あること 特例　直近の1年間に滞納期間がないこと	
「失権」要件	障害等級3級不該当で3年経過した日、または65歳の、どちらか遅いほうの日で失権する	

「障害厚生年金」と「障害基礎年金」の共通事項

事後重症		障害認定日には障害等級に該当せず、65歳の前日までに悪化し、障害等級に該当した場合、65歳の前日までに請求することができる
基準障害		1級または2級に該当しない障害と、後から発生した障害を併合して、65歳の前日までに初めて2級以上となった場合
併合認定		1級または2級の受給権者に対して、別の事由による1級、または2級の受給権が発生した場合、2つの障害を併合し新たな受給権を発生させる（従前の障害受給権は消滅）
額の改定	審査による改定	厚生労働大臣（厚生年金保険は実施機関）は障害の程度を審査し、その程度に応じて、額の改定を行うことができる
額の改定	増進請求	受給権者は障害が増進した場合に、額の改定を請求することができる
額の改定	併合改定	1級または2級の受給権者に、3級以下の「その他障害」が発生した場合で、2つの障害を併合して障害の程度が65歳の前日までに増進した場合、その期間内に額の改定の請求を行うことができる

重要度 ★★★

遺族厚生年金とは？

死亡した被保険者などの遺族に支給される年金です

遺族厚生年金は、①被保険者が死亡、②被保険者であった者が、被保険者期間中に初診日がある傷病で、初診日から５年以内に死亡、③障害等級１級または２級に該当する障害厚生年金の受給権者が死亡、④老齢厚生年金の受給権者（保険料納付済期間＋保険料免除期間＋合算対象期間が25年以上の者に限る）、または保険料納付済期間＋保険料免除期間＋合算対象期間が25年以上の者が死亡、のいずれかの要件に該当した場合に、**死亡した者の一定の遺族に支給**されます。

遺族厚生年金の「受給権者」のルール

遺族厚生年金の受給権者は、死亡した者によって生計を維持されていた配偶者、子、父母、孫、祖父母です。この中で、配偶者と子は同順位となり、父母、孫、祖父母は先順位者があるときは遺族とされません。

また、遺族の中で妻には要件がありませんが、夫、父母、祖父母は、被保険者の死亡の当時55歳以上であること、子、孫は18歳の年度末までか、20歳未満で障害等級の１級か２級に該当していることが要件です。

なお、夫、父母、祖父母の遺族厚生年金は、60歳まで支給停止となります。ただし、夫については、その夫に子があり遺族基礎年金を受けることができるときは、55歳以上60歳未満であっても支給停止されません。

夫の死亡時に30歳未満の妻（若年妻）の受給権は、遺族厚生年金の受給権取得から**５年間**で消滅します(若年妻の失権)。夫の死亡時に30歳未満で、子のある若年妻が遺族基礎年金の受給権を取得し、かつ妻が30歳に達する前に遺族基礎年金の受給権が消滅したときは、遺族基礎年金の受給権消滅から５年後に遺族厚生年金の受給権も消滅します。

「遺族厚生年金」と「遺族基礎年金」の支給要件

遺族厚生年金	遺族基礎年金
① 被保険者が死亡	① 被保険者が死亡
② 被保険者であった者が、被保険者期間中に初診日がある傷病で初診日から5年以内に死亡	② 被保険者であった者で、国内に在住し、60歳以上65歳未満である者が死亡
③ 障害等級1級または2級に該当する障害厚生年金の受給権者が死亡	③ 老齢基礎年金の受給権者（保険料納付済期間＋保険料免除期間＋合算対象期間が25年以上の者に限る）が死亡
④ 老齢厚生年金の受給権者（保険料納付済期間＋保険料免除期間＋合算対象期間が25年以上の者に限る）、または保険料納付済期間＋保険料免除期間＋合算対象期間が25年以上の者が死亡	④ 保険料納付済期間＋保険料免除期間＋合算対象期間が25年以上の者が死亡

遺族厚生年金は「被保険者、初診日から5年以内、1級・2級、25 年以上」の死亡が、支給要件です

遺族厚生年金の「遺族」の範囲

第1順位	第2順位	第3順位	第4順位
配偶者、または子	父 母	孫	祖父母

先順位の者が受給権を取得した場合は、遺族厚生年金を受けることができる遺族とされない

遺族厚生年金の場合、労災保険の遺族（補償）年金（77 ページ参照）にある「転給制度」（受給権者が失権した場合に、次の順位の遺族に受給権が移ること）がない。
そのため、被保険者などが死亡した時点で遺族の範囲は確定する

遺族厚生年金での「若年妻の失権」について

「若年妻の失権」は、社労士試験の頻出事項です

若年妻（夫の死亡時に30 歳未満の妻）

- 遺族基礎年金の受給権を取得しない場合（子のない妻） ➡ **5年で消滅**
- 遺族基礎年金の受給権を取得した場合（子のある妻） ➡ 30歳未満で遺族基礎年金の受給権が消滅した場合は、**その日から5年で消滅**

重要度 ★★★

離婚した場合、年金はどうなる?

「合意分割」と「3号分割」の
2つの方法があります

離婚をした際の年金の分割とは、年金そのものを分割するのではなく、**夫婦の婚姻期間中の標準報酬を分割する制度**です。お互いの分割割合を合意によって決める合意分割と、一方が国民年金の第3号被保険者であった期間に対して、他方の標準報酬の2分の1を分割する3号分割とがあります。

合意分割は、平成19年4月1日以降に離婚した場合で、夫と妻が按分割合（あんぶん）について合意しているときに実施機関に対して請求することによって行います。この請求のことを標準報酬改定請求といいます。

また、夫婦の合意のための協議が調わないときは家庭裁判所が按分割合を定めることができます。

なお、按分割合とは、たとえば、夫を「分割する側」、妻を「分割を受ける側」とするならば、婚姻期間中の夫と妻の標準報酬の総額に対する、分割後の妻の標準報酬の持ち分割合のことです。つまり、「別れた後の妻の持ち分」のことです。離婚が平成19年4月1日以降であれば、その前の期間についてもさかのぼって分割することができます。

「老齢厚生年金」が分割対象となる

3号分割の制度は、平成20年4月1日以降の離婚について、たとえば夫が厚生年金保険の被保険者で、妻がその被扶養配偶者（第3号被保険者）であった場合、その期間について、妻は夫の標準報酬の2分の1を強制分割することができる、というものです。そのため、按分割合という考え方はありません。また合意分割と異なり、平成20年4月1日前の婚姻期間についてさかのぼって分割することはできません。

なお、離婚時に分割対象となる年金は、老齢厚生年金（報酬比例部分）です。老齢基礎年金は分割の対象とはなりません。

離婚時の「年金の分割」について

「合意分割」の場合

夫の分割前の標準報酬
<7,000万円>

妻の分割前の標準報酬
<3,000万円>

夫婦の標準報酬総額　1億円

分割後の標準報酬
<5,000万円>

按分割合50%

分割後の標準報酬
<5,000万円>

標準報酬改定請求を行うためには、按分割合の合意が必要。合意が調わないときは、家庭裁判所が按分割合を定めることができる

「3号分割」の場合

夫の分割前の標準報酬
<7,000万円>

妻の分割前の標準報酬
<0円>

分割後の標準報酬
<3,500万円>

**強制
2分の１分割**

分割後の標準報酬
<3,500万円>

被扶養配偶者は、一方的に、第３号被保険者だった期間の標準報酬の半分について分割請求することができる

ワンポイント

「３号分割」での分割は、すべて２分の１

「３号分割」の制度は、すべて２分の１の割合で分割する制度なので、持ち分割合である按分割合はありません。

重要度 ★★★

10 脱退一時金とは？

厚生年金保険料を納付していた
短期在留外国人への返還金制度です

厚生年金保険の脱退一時金は、国民年金の脱退一時金（177、186ページ参照）と同様の**短期在留外国人への返還金制度**です。日本で厚生年金保険に加入したのに、老齢厚生年金の受給資格期間を満たすことができなかった場合には、脱退一時金を請求することができます。

その請求要件は、①厚生年金保険の被保険者期間が6カ月以上あること、②外国人であること、③国民年金の被保険者ではないこと、④老齢厚生年金の受給資格期間を満たしていないこと、です。

ただし、これらの要件を満たしていても、①日本国内に住所がある、②障害厚生年金などの受給権を有したことがある、③最後に被保険者の資格を喪失した日（その時点で日本に住所があるときは、住所がなくなった日）から起算して2年を経過している、という場合には請求できません。

つまり、脱退一時金は、日本の住所を抹消した後で請求できるものであり、また、日本を出国して2年たってしまうと請求できなくなってしまうというわけです。

「脱退一時金」の額はどれくらい？

厚生年金保険の脱退一時金の額は、**「平均標準報酬額×支給率」で算出**します。

支給率は、最後に被保険者であった年の前年10月の保険料率の2分の1に、被保険者期間の区分に応じた数（6～60）を掛けて算出します。令和3年の改正後は60カ月が上限となり、それ以上の期間、保険料を納付していたとしても脱退一時金の額は増えません。

また、脱退一時金の支給を受けると、支給を受けた者は、納付した期間について被保険者でなかったものとみなされます。

「脱退一時金」のポイント

<table>
<tr><td>請求要件</td><td>① 厚生年金保険の被保険者期間が6カ月以上ある
② 外国人である
③ 国民年金の被保険者ではない
④ 老齢厚生年金の受給資格期間を満たしていない</td></tr>
<tr><td>請求できない場合</td><td>上の①～④を満たしても、次の①～③に該当する場合は、請求できない
①日本国内に住所がある
②障害厚生年金などの受給権を有したことがある
③最後に被保険者の資格を喪失した日（その時点で日本に住所があるときは、住所がなくなった日）から起算して、２年を経過している</td></tr>
<tr><td>給付額</td><td>平均標準報酬額（再評価※なし）×支給率
（支給率＝前年の10月の保険料率×1/2×定める数）
<table><tr><th>被保険者期間</th><th>定める数</th></tr><tr><td>6月以上12月未満</td><td>6</td></tr><tr><td>12月以上18月未満</td><td>12</td></tr><tr><td>18月以上24月未満</td><td>18</td></tr><tr><td>24月以上30月未満</td><td>24</td></tr><tr><td>30月以上36月未満</td><td>30</td></tr><tr><td>36月以上42月未満</td><td>36</td></tr><tr><td>42月以上48月未満</td><td>42</td></tr><tr><td>48月以上54月未満</td><td>48</td></tr><tr><td>54月以上60月未満</td><td>54</td></tr><tr><td>60月以上</td><td>60</td></tr></table>
※再評価については206ページ参照</td></tr>
</table>

ワンポイント

障害厚生年金の受給権があると脱退一時金を請求できない理由

脱退一時金の支給を受けると、それまでの被保険者期間は、「被保険者でなかったもの」とみなされます。そのため、障害厚生年金の受給権を失ってしまうことになり、それを避けるためにこの制限が設けられているのです。

重要度 ★★★

11 厚生年金保険の「給付制限」

国民年金にはない給付制限が2つあります

厚生年金保険の給付制限は、基本的には国民年金の給付制限と同じですが(188ページ参照)、**厚生年金保険には、国民年金にはない給付制限があります**。

それが**厚生年金保険法74条**の「障害厚生年金の受給権者に故意・重過失等がある場合の年金額の改定に関する制限」と、**厚生年金保険法75条**の「保険料徴収権が消滅したことによる制限」です。

わざと障害を悪化させた人は、障害等級を下げられる

厚生年金保険法74条では、障害厚生年金の受給権者が、故意、もしくは重大な過失により、または正当な理由なく療養に関する指示に従わないことにより、その障害の程度を悪化させたり、その回復を妨げたりしたときは、実施機関の審査による改定を行わず、またはその者の障害の程度が現に該当する障害等級以下の障害等級に該当するものとして、年金額の改定を行うことができる、としています。

つまり、「障害厚生年金の受給権者が、故意や重大な過失、正当な理由がないのに療養に関する指示に従わないといった理由で、障害の程度を悪化させたり、回復を妨げたりした場合は、障害が進んでも上の等級に改定しないし、それどころか等級を下げてしまうぞ」ということです。

また、厚生年金保険法75条では、保険料を徴収する権利が時効によって消滅した場合、その保険料にかかる被保険者であった期間に基づく保険給付は行わない、としています。

ただし、事業主の届出や、被保険者からの確認の請求、**特定厚生年金保険原簿記録の訂正請求**があった後に時効消滅した場合は、制限されません。特定厚生年金保険原簿記録の訂正請求とは、被保険者が、資格の取得や喪失の年月日、標準報酬などを訂正するために行う請求のことです。

厚生年金保険独自の「給付制限」

厚生年金保険法74条

障害厚生年金の受給権者が…

- 故意
- 重大な過失
- 正当な理由がないのに、療養に関する指示に従わない

- 障害の程度が悪化
- 回復が妨げられた

- 実施機関の審査による改定を行わない
- その者の障害の程度が現に該当する障害等級以下の障害等級に該当するものとして、**年金額の改定を行うことができる**

覚えておきたい「厚生年金保険」の基本用語

用　語	解　説
特定厚生年金保険原簿記録の訂正請求	被保険者、または被保険者であった者が、厚生年金保険原簿に記録された自分に関わる記載内容が事実でない、または記録されていないと思うときは、厚生労働大臣に対して、その訂正を請求できる

ワンポイント

死亡者の「特定厚生年金保険原簿記録」の訂正請求はできるか？

遺族厚生年金の受給権者は、その死亡者にかかる「特定厚生年金保険原簿記録」の訂正請求を行うことができます。

6 労務管理等
7 健康保険法
8 国民年金法
9 厚生年金保険法
10 社会保険等

12

重要度 ★★★

年金制度の一元化にともなう「調整」とは？

それぞれの実施機関が老齢厚生年金を支給します

平成27年10月、それまで別々に運用されていた、国家公務員、地方公務員、私立学校教職員の共済組合の年金制度が**厚生年金制度**に統合されました。ただし、実際の年金の支給は、その者が所属する団体の実施機関から別々に支給されます。たとえば、公務員から民間企業に転職した者の場合、1人で複数の実施機関（民間企業は厚生労働大臣、国家公務員は国家公務員共済組合連合会）から年金を受ける権利を取得します。このように複数の実施機関を行き来した者の場合、調整が必要となります。この調整のことを、**2以上の種別の被保険者であった期間を有する者の特例**といいます。

加給年金額の調整ルールとは？

12年間、国家公務員だったAさんが民間企業で社員として18年間働いた後、私立学校の職員として10年間働いて退職したとします（右ページ参照）。その場合、Aさんの被保険者期間は全体で40年となり、老齢厚生年金は、国家公務員時代の12年分は**国家公務員共済組合連合会**から、民間企業の18年分は**厚生労働大臣**から、私立学校の10年分は**日本私立学校振興・共済事業団**からそれぞれ支給されます。つまり**併給**されるわけです。

では、Aさんの収入により生計を維持している65歳未満の配偶者がいた場合、加給年金額（179ページ参照）を受け取れるのでしょうか。その加算要件は、厚生年金保険の被保険者期間が20年以上あることですが、すべての期間を合算して20年以上なので、Aさんは加給年金額を受け取れます。

ただし、加給年金額が加算されるのは、1つの老齢厚生年金だけです。そこで、Aさんに**もっとも早く受給権が発生した老齢厚生年金に加算され、もし時期が同じなら、もっとも長い被保険者期間の老齢厚生年金に加算**されるという調整のルールがあります。

2 以上の種別の被保険者であった期間を有する者の特例

1 「老齢厚生年金」の場合

国家公務員12年
国家公務員共済組合連合会　「老齢厚生年金」

民間企業社員18年
厚生労働大臣　「老齢厚生年金」＋「加給年金額」

私立学校職員10年
日本私立学校振興・共済事業団　「老齢厚生年金」

2 「障害厚生年金」の場合

支給機関　2つ以上の種別の被保険者期間を合算し、1つの期間として計算して、「初診日」に加入していた実施機関が支給

3 「遺族厚生年金」の場合

長期要件

25年以上の被保険者期間がある者の死亡

支給機関

各被保険者期間の種別ごとに計算し、それぞれの実施機関が支給

短期要件

左の長期要件以外の者の死亡

支給機関

合算して、1つの期間として計算

【被保険者の死亡の場合】

➡死亡日の実施機関が支給

【初診日から5年以内の死亡と障害等級1、2級の者の死亡の場合】

➡初診日に加入していた実施機関が支給

ワンポイント

複数の老齢厚生年金の繰り上げ・繰り下げ

複数の実施機関から老齢厚生年金が支給される者が、繰り上げまたは繰り下げを行う場合は、同時に行わなければなりません。

過去問を制する者は「年金」を制す！

社労士試験の科目の中で、受験生がもっとも苦手とする科目の１つが、「年金」です。複数の制度の中で複雑な体系を構成しているので、なかなかスッキリとは理解が進まないからです。しかも選択式で10点、択一式で20点と試験合格への影響力は絶大です。

そこで､逆転の発想が必要となります。そうです。年金を「得意科目」としてしまうのです！　多くの受験生が苦戦している中で、年金で確実に得点を重ねていくことができれば、大きな戦力となり得ます。

実は私も、勉強を始めた当初は年金が大の苦手科目でした。とにかく不明瞭で何だか雲をつかんでいるような感覚が長い間続いていたのです。そんなとき、担当の講師がアドバイスしてくれたのが､「テキストより過去問をどんどんやって、とにかく慣れてしまいましょう」。

さっそく試してみました。１カ月という期限を区切り、通勤中や始業前の空き時間、休み時間や電車、バスでの移動時間、仕事帰りの図書館や就寝前の眠りに落ちるまでの時間のすべてを、国民年金と厚生年金保険の過去問を解くことに充てました（当時、私はこの勉強時間のことを「夢の年金生活」と名づけていました)。

さて、その成果はというと、それは驚くべきものとなりました。それまで、答案練習や模擬テストで低い点しか取れなかった年金科目で、今までの倍以上の高得点を出せるようになったのです。

これで「年金については、誰にも負けたくない！」という気持ちが芽生え始めました。これが次なるモチベーションとなり、本試験では、国民年金の選択式と択一式で満点、厚生年金保険の選択式で満点、択一式で９点と、総得点の底上げに貢献してくれました。

私が実践したこの｢過去問学習法｣。年金の苦手克服におすすめです！

第10章

社会保険に関する一般常識

勉強のコツ！

国民健康保険法、高齢者医療確保法、
介護保険法は社労士試験での出題が多いので、
過去問を含めて対策を立てておきましょう。

重要度 ★★☆

社会保障の４本柱とは？

社会保険、公的扶助、社会福祉、公衆衛生の４つです

昭和22年に施行された日本国憲法25条において、「①すべて国民は、健康で文化的な最低限度の生活を営む権利を有する」「②国は、すべての生活部面について、社会福祉、社会保障及び公衆衛生の向上及び増進に努めなければならない」と規定されました。いわゆる生存権です。

社会保障制度はこの憲法25条に基づいて、**社会全体の責任として、国民の「健康で文化的な最低限度の生活」を保障**しようとするものです。

日本の社会保障制度の４本柱

日本の社会保障制度の４本柱は、①社会保険、②公的扶助、③社会福祉、④公衆衛生です。

①の社会保険とは、あらかじめ想定したリスクに対して、保険料を払って給付を受ける制度です。

②の公的扶助とは、生活保護のように、社会的な困窮者に一定水準の生活を保障するもので、税方式で運用されています。

③の社会福祉は、母子、児童、障害者、高齢者などの対象者ごとに法律によって内容を定め、施設やサービスを提供するものです。

④の公衆衛生とは、予防接種の実施、上下水道の整備、感染症対策や健康診断の実施など、主に健康面から国民の生活を支援する制度です。

現在、①の社会保険には、ケガや病気の際に自己負担金だけを支払って医療を受けることができる医療保険、老齢や障害、死亡による収入減のリスクに対して年金を支給する年金保険、仕事上のケガや病気について補償する労災保険、失業に備える雇用保険、加齢にともない介護や支援が必要となったときの介護保険があります。

これらの社会保険は、いずれも社労士が仕事として関わっていく制度です。

日本の社会保障制度の全体像

日本国憲法25条

1項 すべて国民は、健康で文化的な最低限度の生活を営む権利を有する

2項 国は、すべての生活部面について、社会福祉、社会保障及び公衆衛生の向上及び増進に努めなければならない

憲法25条1項は、労基法1条の「人たるに値する生活」と同じ趣旨（24ページ参照）。2項は国民年金法1条の目的に記載がある

国による社会保障制度の推進

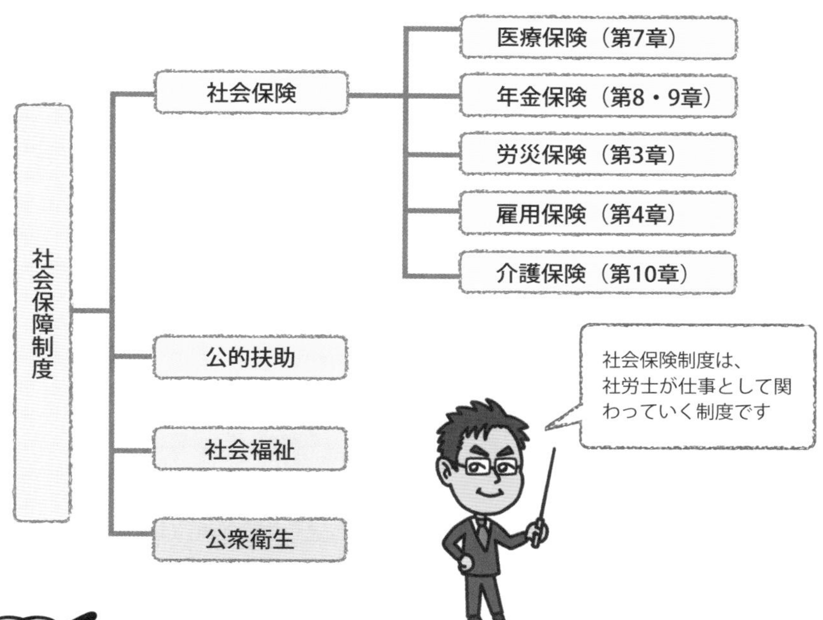

ワンポイント

「社会保障制度改革プログラム法」とは？

これは、平成25年12月に施行された法律で、正式名称は「持続可能な社会保障制度の確立を図るための改革の推進に関する法律」です。医療・介護など社会保障の改革の道筋を示したプログラムを定めています。社労士試験でも要注意の法律です。

重要度 ★★☆

国民健康保険法とは？

主に「自営業者」や「無職の者」を
対象とした医療保険制度です

主に自営業者や無職の者を対象とした医療保険制度として、国民健康保険があります。それに対して、会社員とその被扶養者には健康保険、公務員と私立学校の教職員には共済組合があります。ただし、すべての国民は原則として、75歳から後期高齢者医療制度の被保険者となります（151ページ参照）。

国民健康保険の特徴は、健康保険制度にある**被扶養者の制度がない**ことです（154ページ参照）。そのため、年少の子どもであっても各人が被保険者とされ、保険料徴収の対象となります。

主な保険者は「都道府県」と「市町村」

国民健康保険の保険者は、都道府県と市町村（特別区を含む、以下同）、および国民健康保険組合（以下、国保組合）です。

前者は、平成30年4月までは、市町村と国保組合でしたが、市町村の慢性的な財政赤字を解消するために、地域を広げ（広域化）、国民健康保険事業を都道府県と市町村がともに実施することになりました。

こうした都道府県と市町村がともに実施する国民健康保険（以下、都道府県・市町村国保）は、都道府県が特別会計を設けて財政責任を負い、市町村が保険料の徴収や保険給付に関する事務を行うことになっています。つまり、**お金や予算の責任は都道府県、保険給付や被保険者の事務手続きは市町村が行う**わけです。

国民健康保険の保険者には、国保組合もあると先述しました。

国保組合は、同種の事業や業務の従事者を組合員として組織される団体で、都道府県知事の認可を受けて設立することができます。

現在、医師、弁護士、理美容師、土木建築業などの国保組合があります。

都道府県・市町村国保の仕組み

都道府県 ＝財 政

・財政運営の責任主体
・国民健康保険運営方針に基づき、事務の効率化、標準化、広域化を推進
・市町村ごとの標準保険料率を算定・公表
・保険給付費等交付金の市町村への支払い

国保事業費納付金 ↑　↓ 保険給付費等交付金

市町村 ＝給付、手続き

・国民健康保険事業費納付金を都道府県に納付
・資格を管理（被保険者証などの発行）
・標準保険料率などを参考に保険料（税）率を決定
・保険料（税）の通知・収納

保険料   給付など

被保険者

ワンポイント

国民健康保険料を滞納すると？

滞納から１年経過すると、被保険者証を返還し、「被保険者資格証明書」の交付を受けます。この場合、医療費は自分で全額支払い、後から「特別療養費」として自己負担分以外を戻してもらいます。

重要度 ★★☆

高齢者の医療の確保に関する法律とは？

高齢社会での「適切な医療の確保」を主な目的とした法律です

高齢者の医療の確保に関する法律（以下、高齢者医療確保法）は大きく、①医療費適正化計画の推進、②高齢者医療制度、③都道府県を単位とする運営、の３つの枠組みからなっています。

②の高齢者医療制度の１つに、前期高齢者の保険者間の費用調整があります。前期高齢者とは、65歳以上75歳未満の医療保険加入者を指します。

この年代の人たちの多くは、リタイアして都道府県・市町村国保の被保険者となっています。現役時代はさほど医療を必要としなかった人でも、年齢とともに医療費がかさみ、それが現在、都道府県・市町村国保の大きな財政負担になっているわけです。

そこで、**健康保険制度との財政の不均衡を是正**するために実施されているのが、前期高齢者の保険者間の費用調整です。具体的には、協会けんぽや健保組合などの医療保険者が、社会保険診療報酬支払基金に対して前期高齢者納付金を拠出し、それを原資に前期高齢者の人数によって振り分けられた前期高齢者交付金を、社会保険診療報酬支払基金が各医療保険者に分配します。

「後期高齢者医療制度」とは？

75歳に達した者および65歳以上75歳未満の者で障害状態について後期高齢者医療広域連合の認定を受けた者は後期高齢者医療制度の被保険者とされます。この制度は都道府県ごとにそのすべての市町村が加入する後期高齢者医療広域連合が実施し、保険料の徴収などに関しては、市町村が窓口となって行っています。

後期高齢者医療の費用は、５割を公費（国、都道府県、市町村が負担）、残りの約４割を保険者からの後期高齢者支援金、約１割を保険料で賄っています。

「高齢者医療確保法」の枠組み

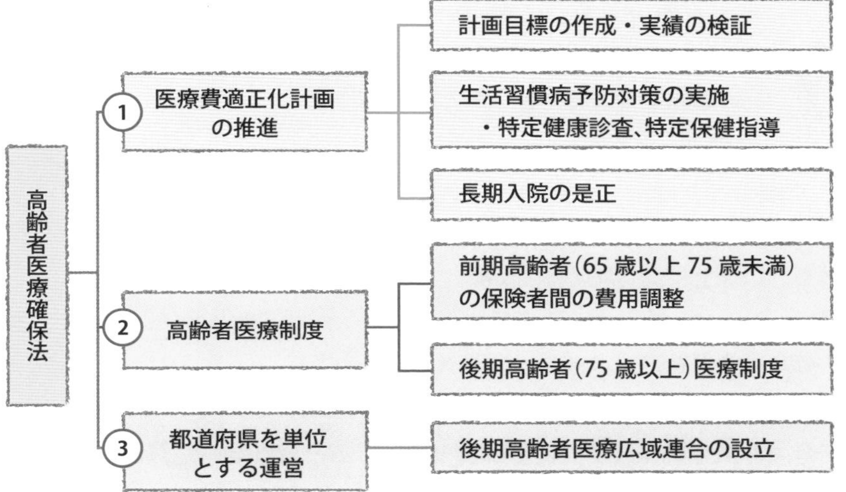

前期高齢者の保険者間の費用調整

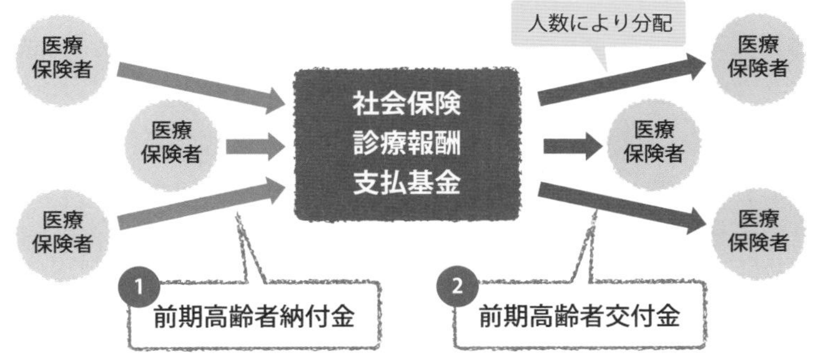

後期高齢者医療の費用の内訳

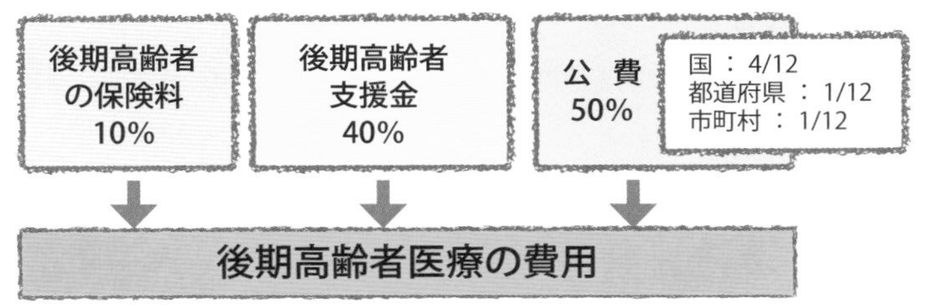

重要度 ★★☆

介護保険法とは？

「高齢者を社会全体で支える」ための
社会保険制度です

昭和から平成に入り、本格的な超高齢社会を迎えた日本においては、「介護を『医療』で行うのか、『福祉』で行うのか」という議論が起こり、社会問題となっていました。そこで、新たな社会保険制度として、**給付と負担が明確な社会保険方式**により、高齢者を個人や家族ではなく社会全体で支えるという考え方の下、平成12年4月に**介護保険法**が施行されています。

介護保険の「保険者」は市町村です。一方、「被保険者」は、市町村の区域に住所を持つ65歳以上の者（**第1号被保険者**）と市町村の区域内に住所を持つ40歳以上65歳未満の医療保険加入者（**第2号被保険者**）になります。

介護保険の「保険給付」は、大きく分けて、①**介護給付**（被保険者の要介護状態に関する保険給付）、②**予防給付**（被保険者の要支援状態に関する保険給付）、③**市町村特別給付**（①②のほか、要介護状態の軽減、または悪化の防止に資する給付として条例で定めるもの）の3つがあります。

さらに、用途ごとに分類された多くの保険給付が規定されています。たとえば、居宅要介護者が介護サービスを受けた場合に支給される**居宅介護サービス費**や、特定福祉用具を購入したときに支給される**居宅介護福祉用具購入費**などです。

「要介護」「要支援」の認定の流れ

介護保険の認定を受けるには、被保険者が市町村に申請する必要があります。申請を受けた市町村は訪問調査や医師の意見聴取を行い、その結果を**介護認定審査会**に通知します。

介護認定審査会は審査および判定を行い、市町村へ通知します。市町村はその結果に基づき「認定」、または「不該当」の決定をします。

「介護保険」の仕組み

市町村

・介護保険の運営・保険料の徴収
・要介護・要支援認定、保険給付

介護報酬支払い

被保険者

・保険料の納付
・サービスの利用

介護サービス

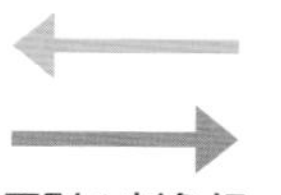

原則１割負担

指定を受けた事業者

・サービスの提供

「要介護」「要支援」認定の流れ

被保険者が市町村に申請
（事業者や地域包括支援センターが代行できる）

市町村の職員による訪問調査、主治医からの意見聴取

通　知

介護認定審査会による審査・判定

通　知

市町村による「要介護認定」「要支援認定」
または「不該当」の決定

認定があった場合、申請の日にさかのぼって効力が発生する

ワンポイント

「地域包括ケアシステム」とは？

これは、高齢者が住み慣れた地域で、「住まい」「医療」「介護」「生活支援」「介護予防」を包括的に受けることができるようにする体制のことです。社労士試験でも出題されやすいテーマです。

重要度 ★★☆

確定給付企業年金と確定拠出年金とは？

「厚生年金基金」の移行先として注目される２つの年金です

公的年金制度の健全性及び信頼性の確保のための厚生年金保険法等の一部を改正する法律により、平成26年４月以降、厚生年金保険の上乗せ制度の代表格であった厚生年金基金の新設が認められなくなりました。さらに、既存の厚生年金基金については、今後の運営が厳しい状況であるため、他の企業年金への移行が進められています。

確定給付企業年金と確定拠出年金

その移行先として有力なのが確定給付企業年金です。確定給付企業年金は、**将来の年金給付額が確定している企業年金**です。将来の給付金目減りのリスクについては、制度を導入している厚生年金保険適用事業所である企業が保障することになります。資産を企業外部で運用する規約型と、内部で運用する基金型の２種類があります。

もう１つの有力な移行先が、確定拠出年金です。これは**「掛け金として拠出する額」が決まっている年金**です。将来の年金額については、個人が運用責任を負うこととなります。

厚生年金保険の適用事業所で導入することができる企業型年金と、個人が個々に加入する個人型年金の２種類があります。

どちらも自己責任型の年金制度で、加入者は自己の選択により、「個人別管理資産」の運用方法を決定します。

また、個人型年金は国民年金基金連合会が実施しており、国民年金の第１号被保険者（自営業者や学生）や第３号被保険者（第２号被保険者の被扶養配偶者）から第２号被保険者（会社員、公務員）まで、広く個人での加入が認められています。個人型の掛け金は、全額が社会保険料控除となることも魅力となっています。

「確定給付企業年金」と「確定拠出年金」

確定給付企業年金

- 将来の年金給付額が確定しているため、老後の生活設計が立てやすい
- 掛け金は企業が拠出するが、加入者も一部負担することができる

規約型

労使が合意した年金規約に基づき、外部機関と契約を結び、企業外で年金資産を管理・運用する制度

基金型

企業年金基金を設立し、基金が年金資産を管理・運用する。国の代行部分のない「厚生年金基金」といえる

確定拠出年金

- 個人が自己の責任で「個人別管理資産」について運用の指図を行う
- 運用リスクがあるため、将来の年金が大きく増えることもあれば、減ることもある

企業型

厚生年金保険の適用事業所で導入することができる。公務員は対象外とされる

個人型

国民年金基金連合会が実施。自営業者、被扶養配偶者、会社員、公務員も加入できる

個人型確定拠出年金は、通称「iDeCo（イデコ）」と呼ばれています

澤井　清治（さわい　きよはる）
特定社会保険労務士、LEC東京リーガルマインド講師、人事総務スキルアップ検定協会代表理事。
2000年に社労士資格を取得。営業職から未経験で社労士事務所を開業し、同時に講師業をスタートする。現在はLEC東京リーガルマインドで10年以上登壇している。
「自分の将来を真剣に考える人」を応援することを使命とし、笑いと涙の感動トークでモチベーションを上げる講義を展開。自身のTwitterでも、受験生を日々励まし続けている。「学習の成果＝Q（質）×T（時間）×M（モチベーション）」の理論に基づいた効率学習を提唱し、出題予想にも特化。毎年800肢の予想問題を教材として提供している。得意技は「笑える語呂テク」で、受験生を暗記の辛さから救済している。

改訂版　ゼロからスタート！
澤井清治の社労士1冊目の教科書

2023年8月12日　初版発行
2024年9月20日　３版発行

著者／澤井 清治
監修／LEC東京リーガルマインド
発行者／山下 直久
発行／株式会社KADOKAWA
〒102-8177　東京都千代田区富士見2-13-3
電話　0570-002-301（ナビダイヤル）

印刷所／株式会社加藤文明社印刷所
製本所／株式会社加藤文明社印刷所

●お問い合わせ
https://www.kadokawa.co.jp/（「お問い合わせ」へお進みください）
※内容によっては、お答えできない場合があります。
※サポートは日本国内のみとさせていただきます。
※Japanese text only

定価はカバーに表示してあります。

ISBN 978-4-04-606493-6　C3030